Coleção
Direito Penal e Criminologia

Direção
Íñigo Ortiz de Urbina
Ramon Ragués
Luís Greco

CB077535

PROBLEMAS DE
CAUSALIDADE E IMPUTAÇÃO
OBJETIVA NOS CRIMES OMISSIVOS IMPRÓPRIOS

LUÍS GRECO

PROBLEMAS DE CAUSALIDADE E IMPUTAÇÃO OBJETIVA NOS CRIMES OMISSIVOS IMPRÓPRIOS

Tradução para o português

de RONAN ROCHA, expandida pelo autor

Marcial Pons

MADRI | BARCELONA | BUENOS AIRES | SÃO PAULO

Coleção
Direito Penal e Criminologia

Direção
Íñigo Ortiz de Urbina | Ramon Ragués | Luís Greco

Problemas de causalidade e imputação objetiva nos crimes omissivos impróprios
Luís Greco

Título original
Kausalitäts- und Zurechnungsfragen bei unechten Unterlassungsdelikten

Tradução
Ronan Rocha

Produção
Ida Gouveia / HBLYZ / Oficina das Letras®

Todos os direitos reservados. Proibida a reprodução total ou parcial, por qualquer meio ou processo – Lei 9.610/1998.

CIP-Brasil. Catalogação na Publicação
Sindicato Nacional dos Editores de Livros, RJ

G829p

Greco, Luís
Problemas de causalidade e imputação objetiva nos crimes omissivos impróprios / Luís Greco ; tradução Ronan Rocha. - 1. ed. - São Paulo: Marcial Pons, 2018.

Tradução de: Kausalitäts- und Zurechnungsfragen bei unechten Unterlassungsdelikten

ISBN 9788566722512

1. Direito Penal. 2. Criminologia. 3. Pena (Direito). I. Rocha, Ronan. II. Título. III. Série.

17-45580 CDU:345.001

© Luís Greco
© MARCIAL PONS EDITORA DO BRASIL LTDA.
Av. Brigadeiro Faria Lima, 1461, Torre Sul, 17/8 Jardim Paulistano
CEP 01452-002 São Paulo-SP
☎ +55 (11) 3192.3733 www.marcialpons.com.br

Impresso no Brasil

APRESENTAÇÃO

O presente livro configura uma expansão e adaptação de meu estudo "Kausalitäts- und Zurechnungsfragen bei unechten Unterlassungsdelikten", originalmente publicado em *Zeitschrift für Internationale Strafrechtsdogmatik*, 2011, p. 674 e ss. A versão brasileira é, em primeiro lugar, fruto dos esforços de meu amigo Ronan de Oliveira Rocha, nesse meio tempo já bastante conhecido pela monografia *A relação de causalidade no direito penal*, sua dissertação de mestrado. Ronan Rocha, enquanto se dedicava à sua obra, teve contato com o meu estudo e o traduziu por completo para o português. Apesar de ter finalizado o trabalho em 2013, a tradução ficou por alguns anos inerte em meu computador, não só porque a sempre necessária revisão final tivera de ceder lugar a compromissos mais urgentes, mas provavelmente porque eu desconfiava de que o trabalho, escrito no denso estilo característico de artigos científicos alemães (que sempre têm de atender a limites de página bastante estritos, o que penaliza o autor por usar exemplos ou frases curtas), necessitasse de um maior esforço de adaptação para o público brasileiro.

Finalmente, ofereceu-se a lacuna de que eu necessitava para proceder a essa adaptação, que transformou o que era um longo artigo em um pequeno livro. Nesse meio tempo, ao trabalhar em meu grande projeto atual, a nova edição da Parte Geral do *Tratado de Direito Penal* de meu professor Claus Roxin, revi algumas opiniões defendidas no estudo de 2011, de modo que o presente estudo é publicado já com base nos meus novos pontos de vista. Essas mudanças de opinião serão documentadas e fundamentadas nos momentos oportunos no texto que se segue.

Não procedi a uma atualização sistemática, senão pontual da bibliografia citada no estudo original, para não correr o risco de o estudo retornar à metafórica gaveta que é a pasta de textos quase concluídos de meu computador. Tampouco me preocupei em vestir a camisa de força das regras da ABNT. Se o leitor quiser localizar um artigo, não necessitará da cidade de revista que o publica ou do fascículo em que ele se encontra. Forneci referências bastante completas na primeira vez que cada trabalho é citado e, ao final, na bibliografia. Por fim, não segui a convenção de colocar termos de língua estrangeira em itálico, pela razão de que isso me parece poluir visualmente a página e de que, por vezes, faço uso do itálico para destacar a ideia central de alguns parágrafos.

Agradeço principalmente a Ronan Rocha, cuja tradução é o tronco do texto, e também a Heloisa Estellita e a Alaor Leite, que releram o trabalho com cuidado. Agradeço, também, à editora Marcial Pons, em especial na pessoa de Marcelo Porciuncula, por apostarem nesta publicação de formato inusitado.

Berlim, outubro de 2017.

ABREVIATURAS

ADPCP – Anuario de derecho penal y ciencias penales (periódico)

AT – Allgemeiner Teil (Parte Geral)

BayVBl – Bayerische Verwaltungsblätter (periódico)

BGH – Bundesgerichtshof (Tribunal Federal, equivalente ao nosso STJ)

BGHSt – Repertório de Decisões do Bundesgerichtshof em matéria penal

FS – Festschrift (Estudos em homenagem)

GA – Goltdammer's Archiv für Strafrecht (periódico)

JA – Juristische Arbeitsblätter (periódico)

JR – Juristische Rundschau (periódico)

JZ – Juristenzeitung (periódico)

JuS – Juristische Schulung (periódico)

LG – Landgericht (Tribunal do Land)

MDR – Monatsschrift für deutsches Recht (periódico)

NJW – Neue Juristische Wochenschrift (periódico)

NStZ – Neue Zeitschrift für Strafrecht (periódico)

OLG – Oberlandesgericht (Tribunal Superior do Land)

RGSt – Repertório de Decisões do Reichsgericht (Tribunal do Reich) em matéria penal

nm. – Randnummer (número de margem)

SchwZStR – Schweizerische Zeitschrift für Strafrecht (periódico)

StGB – Strafgesetzbuch (Código Penal alemão)

StPO – Strafprozeßordnung (Código de Processo Penal alemão)

StV – Strafverteidiger (periódico)

wistra – Zeitschrift für Wirtschafts- und Steuerstrafrecht (periódico)

ZIS – Zeitschrift für Internationale Strafrechtsdogmatik (periódico)

ZJS – Zeitschrift für das juristische Studium (periódico)

ZStW – Zeitschrift für die gesamte Strafrechtwissenschaft (periódico)

SUMÁRIO

I

INTRODUÇÃO

Muitos crimes omissivos são *crimes de resultado*, isto é: eles pressupõem, além da omissão, que se produza alguma modificação no mundo exterior, em geral, alguma lesão a bem jurídico.[1] Se um pai deixa conscientemente de salvar seu filho pequeno que se afoga e este vem a falecer, será de questionar-se se incide o homicídio por omissão imprópria (art. 121, *caput*; art. 13, § 2.º, a] CP). O tipo não se realiza, porém, já com esses mencionados elementos, isto é, com a omissão de salvar e a produção do resultado morte; é necessário, ademais, que omissão e resultado estejam conectados, que o resultado possa ser reconduzido à omissão. É dessa *conexão entre omissão e resultado* que cuida o presente trabalho.

Há 35 anos, afirmava Schünemann que "a causalidade hipotética do comportamento alternativo conforme ao direito apresenta os problemas mais difíceis da dogmática dos crimes culposos, e talvez mesmo de toda a dogmática jurídico-penal".[2] Essa constatação, feita a respeito dos crimes comissivos, vale com maior razão ainda para os crimes omissivos. A ocasião para retornar a esse tema foi uma decisão do BGH de 2010 sobre um *ginásio de esportes de inverno*, que desabou na cidade de Bad Reichenhall, matando várias pessoas.[3] Simplificadamente, um perito que deveria ter avaliado a segurança do ginásio se omitiu, o ginásio continuou a ser usado, até que, num

1. Digo em geral, porque também o perigo concreto é um resultado.
2. Schünemann, *JA* 1975, p. 654. Semelhante: Krümpelmann, *GA* 1984, p. 495.
3. BGH, *NJW* 2010, p. 1087 e ss.

intenso inverno, o telhado do ginásio cedeu sob o peso da neve acumulada, matando quinze e ferindo seis pessoas. Como veremos, o BGH enxergou vários problemas no momento de conectar a omissão desse perito aos resultados mortes/lesões e cassou a decisão do tribunal a quo. Essa decisão oferece uma oportunidade para que retornemos ao tema da relação entre omissão e resultado.

Os problemas que aqui se colocam situam-se, mais precisamente, em três planos diversos. No primeiro plano, objeto de uma discussão clássica, se bem que hoje não mais tão calorosa, tem-se a *omissão de um autor isolado*, isto é, de alguém que se encontra apenas perante forças da natureza. Aqui se trata do já mencionado exemplo do pai que não tenta salvar o filho que se afoga, não havendo clareza sobre se o ato de salvamento seria bem sucedido (II.).

No segundo plano, representado sobretudo pelas decisões da jurisprudência alemã nos casos do spray para couro e do Comitê Central do Partido Único Socialista da República Democrática Alemã (descritos em detalhe mais adiante)[4] trata-se de situações que se caracterizam por haver não mais um único omitente, e sim vários, que *se omitem simultaneamente*, não sendo possível, por meio da execução isolada da ação ordenada, evitar o resultado (III.).

No terceiro plano, estão compreendidas as *omissões* não simultâneas, mas *sucessivas* (IV.).[5] Esse terceiro grupo de casos, que paulatinamente vai ocupando um lugar central do debate atual, forma o objeto da mencionada decisão do ginásio de esportes de inverno. O presente estudo cuidará, assim, dos problemas de causalidade e de imputação que se colocam na omissão do autor individual, nas omissões simultâneas e nas omissões sucessivas.

4. BGHSt 37, p. 106 e ss.; 48, p. 77 e ss.

5. Nas quais pode também suceder que a omissão ulterior permaneça como uma mera hipótese (mais detalhes abaixo).

II

A DISCUSSÃO CLÁSSICA: A CAUSALIDADE NAS OMISSÕES DE AUTOR INDIVIDUAL

1. Questão preliminar: há causalidade na omissão?

Muito já se escreveu sobre se existe ou não causalidade, propriamente dita, na omissão, ou se não seria mais correto falar em "quase-causalidade" ou em "causalidade hipotética". Pode-se dizer que o mencionado pai que deixa seu filho afogar-se, literalmente, causou a sua morte?

A opinião majoritária, que *rejeita autêntica causalidade nas omissões*, reporta-se, sobretudo, ao brocardo latino *ex nihilo nihil fit:* uma omissão, como um nada, também nada faz surgir.[6] O que

6. FISCHER, *Strafgesetzbuch und Nebengesetze Kommentar,* 58.ª ed., 2011, § 13 nm. 39; FREUND, in: JOECKS/MIEBACH (orgs.), *Münchener Kommentar zum Strafgesetzbuch,* tomo I, 2. ed., 2011, § 13 nm. 201; GIMBERNAT, *ADPCP,* 1994, p. 11; IDEM, *ADPCP,* 2000, p. 41; JAKOBS, *Strafrecht: Allgemeiner Teil,* 2.ª ed., 1993, 29/16; ARTHUR KAUFMANN, in: BOCKELMANN/GALLAS (orgs.), *Festschrift für Eberhard Schmidt zum 70. Geburtstag,* 1961, p. 214; KÖLBEL, JuS 2006, p. 310; KUDLICH, in: SATZGER/SCHMITT/WIDMAIER (orgs.), *Strafgesetzbuch, Kommentar (= SSW-StGB),* 2009, § 13 nm. 10; MAIWALD, *Kausalität und Strafrecht,* 1980, p. 78; OTTO, *Grundkurs Strafrecht,* Allgemeiner Teil, 7.ª ed., 2004, § 9 nm. 96; RÖH, *Die kausale Erklärung überbedingter Erfolge im Strafrecht,* 1995, p. 110 e ss.; ROMEO CASABONA, in: GIMBERNAT/SCHÜNEMANN/WOLTER (orgs.), *Omisión e imputación*

causaria a morte do filho, assim, não seria a omissão do pai, e sim, por exemplo, a entrada de água em seus pulmões.

A corrente contrária responde que essa concepção se baseia em uma misteriosa compreensão da causalidade como força eficiente, compreensão que desconhece que a causalidade é simplesmente uma relação condicional lógica. Omissões, assim como comissões, poderiam constituir uma condição, a saber, uma condição negativa, de modo que nada impediria fossem elas consideradas causa.[7]

Na versão do presente estudo publicada em alemão, esquivei-me de tomar partido nessa controvérsia, declarando-a interessante

objetiva en Derecho Penal, 1994, p. 35; SILVA SANCHEZ, *El delito de omisión,* 2.ª ed., 2003, p. 122; STRATENWERTH/KUHLEN, *Strafrecht, Allgemeiner Teil,* 6.ª ed., 2011, § 13 nm. 53; STREE/BOSCH, in: SCHÖNKE/SCHRÖDER, *Strafgesetzbuch, Kommentar,* 28.ª ed., 2010, § 13 nm. 61; TAVARES, *Teoria dos crimes omissivos,* 2012, p. 366; WEIGEND, in: LAUFHÜTTE/RISSING-VAN SAAN/TIEDMANN (org.), *Strafgesetzbuch,* Leipziger Kommentar, tomo I, 12.ª ed., 2007, § 13 nm. 70; WELZEL, *Das deutsche Strafrecht,* 11.ª ed., 1969, p. 212; quase todos com ulteriores referências. Na jurisprudência alemã, não há uniformidade terminológica, cf., de um lado, BGHSt 37, 106 (p. 126: "causalidade"); de outro lado, BGHSt 48, 77 (p. 92).

7. ENGISCH, *Die Kausalität als Merkmal der strafrechtlichen Tatbestände,* 1931, p. 30 e ss.; ANDROULAKIS, *Studien zur Problematik der unechten Unterlassungsdelikte,* 1962, p. 84 e ss.; BRUNO, *Direito Penal, Parte Geral,* 3.ª ed., 1967, p. 334; SPENDEL, *JZ* 1973, p. 139; IDEM, in: PUTZKE et alii (orgs.), *Strafrecht zwischen System und Telos, Festschrift für Rolf Dietrich Herzberg zum siebziegsten Geburtstag am 14. Februar 2008,* 2008, p. 249; PUPPE, *ZStW* 92 (1980), p. 896; IDEM, *JR,* 1992, p. 33; IDEM, ZJS, 2008, p. 600; IDEM, in: KINDHÄUSER/NEUMANN/PAEFFGEN (orgs.), *Nomos Kommentar,* Strafgesetzbuch, tomo I, 3.ª ed., 2010, prévio § § 13 e ss. nm. 117 e ss.; IDEM, *Strafrecht,* Allgemeiner Teil, 2.ª ed., 2010, § 30 nm. 22; TOEPEL, *Kausalität und Pflichtwidrigkeitszusammenhang beim fahrlässigen Erfolgsdelikt,* 1992, p. 93; VOGEL, *Norm und Pflicht bei unechten Unterlassungsdelikten,* 1993, p. 156; DENCKER, *Kausalität und Gesamttat,* 1996, p. 46; ROXIN, in: DIES RIPOLLÉS et alii (orgs.), *Libro homenaje a José Cerezo Mir,* 2002, p. 964 e ss.; IDEM, *Strafrecht, Allgemeiner Teil,* tomo II, 2003, § 31 nm. 42. Com o mesmo resultado, mas com outra fundamentação, de índole jusfilosófica, WOLFF, *Kausalität von Tun und Unterlassen,* 1965, p. 36 e ss.; KÖHLER, *Strafrecht, Allgemeiner Teil,* 1997, p. 228; KAHLO, *Das problem des Pflichtwidrigkeitszusammenhanges bei unechten Unterlassungsdelikten,* 1990, p. 312 e ss.; IDEM, *Die Handlungsform der Unterlassung als Kriminaldelikt,* 2001, p. 251; MATT, *Kausalität als Freiheit,* 1994, p. 208; com ainda outra fundamentação, JÄGER, in: BÖSE et alii (orgs.), *Gerechte Strafe und legitimes Strafrecht, Festschrift für Manfred Maiwald zum 75. Geburtstag,* 2010, p. 363. Da mesma forma, a jurisprudência espanhola,cf. ALASTUEY DOBÓN, *Anuario de derecho penal e ciencias penales,* 1992, p. 1021; GIMBERNAT, *ADPCP,* 1994, p. 43.

apenas para filósofos.[8] Para o jurista, cuja construção de conceitos se orienta segundo um interesse quase verificacionista,[9] o debate tem natureza meramente terminológica:[10] afinal, ninguém questiona que a o pai realiza o tipo penal de homicídio por omissão (arts. 121, *caput*, 13, *caput* e § 2.º, *a*, do Código Penal brasileiro [= CP]). Pouco importa, assim, se qualificamos a sua conduta como causa ou como quase-causa do resultado. Ele será responsabilizado sob pressupostos exatamente idênticos. Assim sendo, não há óbice a que se fale em causalidade na omissão.

Hoje suspeito de que minha fundamentação pudesse ter sido mais ousada. Ainda que o argumento que acabo de expor já baste, quero aproveitar a oportunidade para dividir com o leitor um argumento mais audaz em favor de que se fale em causalidade na omissão. Esse argumento é o de que não enxergo como é possível dispensar condições negativas. Estas parecem, em muitos casos, indispensáveis para descrever o processo causal em questão. Mesmo em nosso exemplo do afogamento, o que mata não é apenas que os pulmões da vítima se encham de água, e sim que neles não entre mais oxigênio, ou seja, a falta de algo. Muitas palavras de que fazemos uso para explicar causalmente o que ocorre são complexas sínteses, que contêm condições positivas e negativas. Se disséssemos, assim, que o afogamento é composto também de asfixia, essa conteria tanto aspectos positivos, como a presença de obstáculos mecânicos (aqui, a água) ao processo respiratório, quanto negativos, isto é, a ausência de oxigênio. Se admitimos a existência de condições negativas, não há porque não considerar que também a omissão pode causar algo. Se a falta de oxigênio pode causar uma morte, a falta de uma ação de salvamento também pode matar.

Não estou, contudo, seguro de que o argumento seja correto, ainda que nele não enxergue qualquer erro. O argumento fica, aqui,

8. De uma perspectiva filosófica, por exemplo, Moore, *Causation and Responsability*, 2009, p. 139 e ss.; 351 e ss.; 435 e ss.; McGrath, *Philosophical Studies* 123 (2005), p. 125.

9. No sentido de que dois conceitos que em nenhum lugar conduzem a que se resolvam casos de modo diverso podem ser vistos como sinônimos.

10. Avaliação provavelmente predominante: Jakobs, AT, § 29/15; Puppe, AT, § 30 nm. 22; Roxin, AT, I § 31 nm. 41; Schünemann, *ZStW* 96 (1984), p. 290, nota de rodapé 12; Stratenwerth/Kuhlen, AT, § 13 nm. 53; Weigend, *Leipziger Kommentar* § 13 nm. 70; Welzel, AT, p. 212 e ss.

como consideração adicional, de apoio, à conclusão a que já chegara no estudo anterior, de que o Direito não precisa ter receio de falar em causalidade na omissão.

Empregarei, assim, a expressão mais curta e elegante "causalidade da omissão" em lugar da complicada locução "quase-causalidade" ou "causalidade hipotética", de que se valem os defensores da opinião contrária. Além disso, a nossa atenção enquanto juristas deve estar voltada exclusivamente para questões mais relevantes, que de alguma maneira importem para a solução de problemas concretos.

2. Evitação do resultado *versus* diminuição do risco

a) Considerações introdutórias

A pergunta decisiva não é, portanto, se omissões podem ser causa, mas como deve ser concebida a relação entre omissão e resultado. A discussão atual gira em torno não do pacífico e conhecido exemplo do pai desnaturado, que acabo de mencionar, mas de casos nos quais não está claro se a execução da conduta devida teria evitado o resultado.

Com base no também clássico exemplo da *mãe que deixa seu bebê morrer de inanição*: imagine-se que o bebê, ainda que bem alimentado, estivesse doente; a mãe não toma providência alguma, o bebê falece. Depois se descobre que o bebê padecia de uma doença rara, e não se sabe se a prática da ação devida (chamar um médico, levar a criança ao hospital) teria conseguido evitar o resultado. Pode a omitente, nesses casos, ser responsabilizada pelo resultado ou, deve ela, em caso de dolo, responder apenas pela tentativa, e, nos crimes culposos, ficar impune?

No Brasil, o problema parece ter sido pouco examinado. É comum ler em nossa doutrina que, na omissão, inexistiria um nexo causal entre comportamento e resultado, de modo que seria necessário recorrer a um nexo "jurídico", o qual seria dado pelo dever de agir do art. 13, § 2.º, do CP.[11] Essa afirmativa é, contudo, duplamente errônea. Primeiramente, porque o dever de agir do mencionado

11. Vejam-se Bitencourt, *Tratado de Direito Penal,* 19.ª ed., 2013, p. 326-327; Callegari, *Teoria geral do delito e da imputação objetiva.* 2.ª ed., 2009, p. 64-65; Capez, *Curso de Direito Penal,* 17.ª ed., 2013, p. 182; Jesus, *Direito Penal: parte geral*, 29.ª ed.,

dispositivo diz respeito ao desvalor do comportamento, enquanto o problema do nexo entre omissão e resultado diz respeito ao desvalor do resultado.[12] O desvalor do comportamento concerne ao caráter proibido ou permitido de uma determinada forma de agir; o desvalor do resultado, por sua vez, diz respeito às consequências do comportamento considerado proibido. O exemplo mais claro é o de uma tentativa em que nada ocorre: apertar o gatilho já é algo ilícito, isto é, já fundamenta um desvalor do comportamento. Se nada corre, falta, em princípio, um desvalor do resultado; mas o desvalor do resultado também está ausente, por exemplo, se o dano causado pela ação proibida não estiver mais compreendido pelo fim de proteção da norma. Da mesma forma, nos casos de que agora cuidamos, está claro que o comportamento do autor, sua omissão, era algo ilícito, de modo que o desvalor do comportamento existe. O problema é saber se o resultado que se produziu pode ser atribuído ao autor.

Em segundo lugar, os casos de que agora vamos tratar se caracterizam precisamente pela presença do dever de agir, de um lado, sem que se saiba, contudo, se o cumprimento desse dever teria salvo ou não o bem.[13] O dever de agir não será analisado na presente sede; remeto, aqui, para outros estudos, no Brasil especialmente para o livro de Heloísa ESTELLITA.[14]

b) Os termos da controvérsia

No que diz respeito ao problema do nexo entre omissão e resultado, há, especialmente,[15] *duas correntes antagônicas*, que em

2008, p. 250; PASCHOAL, *Ingerência indevida*, 2011, p. 41; TOLEDO, *Princípios básicos de Direito Penal*, 5.ª ed., 1994, p. 116.

12. Sobre a distinção entre estas duas categorias cf. GRECO, *Um panorama da teoria da imputação objetiva*, 4.ª ed. 2014, p. 33 e ss., 95 e ss.

13. De passagem, mencione-se que essa confusão parece ter sido mais um dos muitos erros cometidos pelo vergonhoso Projeto de CP apresentado em 2012 (PLS 236/2012, Senado Federal); cf. já a minha crítica em GRECO, Revista Liberdades, Número Especial, 2012, p. 35 e ss. (p. 44 e s.) (acessível em http://www.revistaliberdades.org.br/_upload/pdf/13/artigo2.pdf), também publicado em LEITE (Org.), *Reforma penal*, 2015, p. 102 e ss.

14. ESTELLITA, *Responsabilidade penal de dirigentes de empresas por omissão*, 2017.

15. Existem inúmeras soluções intermediárias interessantes que não podem ser aqui objeto de consideração mais detida, e que me contento em mencionar (cf. já GRECO, *Panorama*, p. 125 e s.): JORDAN, *GA* 1997, p. 349, tenta resolver a problemática no plano da aplicação da pena. KRÜMPELMANN, in: KAUFMANN et alii (orgs.), *Festschrift für Paul*

parte refletem a divergência que se coloca já perante o problema do chamado nexo de violação de dever nos crimes comissivos.[16]

De acordo com a primeira, que representa a opinião preponderante na doutrina e na jurisprudência alemãs, o resultado somente pode ser imputado ao omitente se a prática da conduta devida tivesse impedido o resultado com uma probabilidade próxima da certeza.[17]

Bockelmann zum 70. Geburtstag am 7. Dezember 1978, 1979, p. 447; IDEM, *GA* 1984, p. 491; IDEM, in: VOGLER/HERRMANN (orgs.), *Festschrift für Hans-Heinrich Jescheck zum 70. Geburtstag,* tomo I, 1985, p. 320 e ERB, *Rechtmäßiges Alternativverhalten und seine Auswirkungen auf die Erfolgszurechnung im Strafrecht,* 1991, p. 146 e ss.; IDEM, *JuS* 1994, p. 455 querem imputar apenas se entre a norma de conduta e a pretensão de proteção da vítima existe o que eles chamam de uma "correspondência normativa". Segundo ARTHUR KAUFMANN, *FS Jescheck,* p. 279, devem ser distinguidos graus do aumento do risco, pelo que o resultado somente deve ser imputado a partir da probabilidade de 0,6. KÜPER, in: KÜPER et alii (orgs.), *Festschrift für Karl Lackner zum 70. Geburtstag am 18. Februar 1987,* p. 247 e LAMPE, *ZStW* 101 (1989), p. 3 parecem estar bem próximos da teoria do aumento do risco. RANFT, *NJW* 1984, p. 1.433 e MARTINEZ ESCAMILLA, *La imputación objetiva del resultado,* 1992, p. 222 e ss., 229 e 234 e ss.; IDEM, in: GIMBERNAT/SCHÜNEMANN/ WOLTER (orgs.), *Internationale Dogmatik der objektiven Zurechnung und der Unterlassungsdelikte,* Ein spanisch-deutsches Symposium zu Ehren von Claus Roxin, 1995, p. 39 e ss. não consideram cursos causais hipotéticos, mas perguntam simplesmente pelo fim de proteção da norma. Segundo GIMBERNAT, *ADPCP,* 1994, p. 34; idem, *ZStW* 111 (1999), p. 326, a conduta esperada teria, com segurança, de transformar a fonte de perigo que produziu também com segurança o resultado em algo permitido. KAHLO *Pflichtwidrigkeitszusammenhang,* p. 319 e ss., aplica à intervenção de pessoa responsável a teoria do aumento do risco e à intervenção de fatores puramente naturais a teoria da evitabilidade. GRASSO, *Il reato omissivo improprio,* 1983, p. 414 e ss, recusa a teoria da evitação do risco e contenta-se, apesar disso, com uma chance de salvação *ex ante.* Outras referências em TOEPEL, *Kausalität,* p. 172 e ss.

16. Cf., por todos, ROXIN/GRECO, *Strafrecht,* Allgemeiner Teil, 5.ª ed., 2018, tomo I, § 11 nm. 88 e ss.; GRECO, *Panorama,* p. 126 e ss.

17. *BGHSt* 6, p. 2; 14, p. 284; 37, p. 126; 48, p. 93; 52, p. 164; BGH *NStZ* 1985, p. 26; BGH *JR* 1994, p. 515; BGH *NJW* 1998, p. 1573 e ss.; BGH *NJW* 2000, p. 583; BGH *NJW* 2010, p. 1.091. Referências sobre a jurisprudência do RG em ROXIN, AT, II, § 31 nm. 44, n. 59. Referências sobre a jurisprudência espanhola em ALASTUEY DOBÓN, *ADPCP,* 1992, p. 1.021. Da doutrina: FISCHER *Strafgesetzbuch,* vor § 13 nm. 39; FÜNFSINN, *Der Aufbau des fahrlässigen Verletzungsdelikts durch Unterlassen im Strafrecht,* 1985, p. 111; FREUND, Münchener Kommentar, § 13 nm. 201; FRISCH, *Tatbestandsmäßiges Verhalten und Zurechnung des Erfolgs,* 1988, p. 543; HERZBERG, *MDR* 1971, p. 881; KÖLBEL, *JuS* 2006, p. 310; KUDLICH, *SSW-StGB* § 13 nm. 10; MAIWALD, *Kausalität,* p. 79; IDEM, in: HETTINGER et alii (org.), *Festschrift für Wilfried Küper zum 70. Geburtstag,* 2007, p. 345; SCHAAL, *Strafrechtliche Verantwortlichkeit bei Gremienentscheidungen in Unternehmen,* 2001, p. 161; SCHMIDHÄUSER, *Strafrecht, Besonderer Teil,* 2.ª ed., 1983, § 12 nm. 48; SPENDEL, *JZ* 1973, p. 139; IDEM, *FS Herzberg,* p. 251; STREE/BOSCH, *Schönke/Schröder,* § 13 nm. 61,

Seguindo a essa assim denominada *teoria da evitabilidade*, decidiu a jurisprudência que o marido que, depois de ter agredido sua esposa, abandona-a e consente com sua morte, somente pode ser punido pelo fato consumado se o tratamento imediato tivesse salvado a vida da esposa.[18] Também se decidiu que a omissão de uma radioterapia – que conduz, em mais de 90% dos casos, a um prolongamento da vida de 5 a 10 anos –, não permite que o resultado morte seja atribuído ao médico omitente a título de homicídio culposo.[19]

Em sentido contrário, a chamada *teoria da diminuição do risco* – uma modificação da teoria do aumento do risco de Roxin, originalmente formulada para os crimes comissivos[20] – contenta-se com a criação de uma chance de salvamento.[21] Se, portanto, o fato de o marido levar a esposa ao hospital tivesse aumentado as chances de que ela fosse salva, e a realização da radioterapia, as chances de que o paciente vivesse por mais alguns anos – o que provavelmente seria de afirmar-se – o omitente tem de responder pelo delito consumado.

Velásquez V., *Manual de Derecho Penal, Parte general*, 3ª. ed., 2007, p. 330; Vogel, *Norm*, p. 167; Weigend, *Leipziger Kommentar*, § 13 nm. 72; provavelmente também Donini, *Teoria del reato,* 1996, p. 162, n. 108; Schroth, in: Schroth/Roxin (orgs.), *Handbuch des Medizinstrafrechts,* 4.ª ed., 2010, p. 144, n. 70. No Brasil, Cirino dos Santos, *Direito Penal, Parte Geral*, 2006, p. 206; Tavares, *Teoria dos crimes omissivos*, 2012, p. 368 e s., p. 378 e ss., p. 392.

18. BGH *StV* 1985, p. 229; no mesmo sentido: BGH *NStZ* 2000, p. 414.

19. BGH *NJW* 1987, p. 2.940.

20. Pioneiramente Roxin, *ZStW* 74 (1962), p. 411. As páginas 413 e 438 demonstram que Roxin tinha em vista somente os crimes comissivos.

21. Especialmente os autores que querem substituir a causalidade em geral pelo aumento do risco: Hardwig, *Die Zurechnung,* 1957, p. 154 e ss., 162 e ss.; Kahrs, *Das Vermeidbarkeitsprinzip und die condicio-sine-qua-non-Formel im Strafrecht,* 1968, p. 46 e ss.; Wolff, *Kausalität*, p. 25 e 27; Schaffstein, in: *Festschrift für Richard M. Honig zum 80. Geburtstag 3. Januar 1970,* 1970, p. 172 e ss.; Hoyer, in: Rogall et alii (orgs.), *Festschrift für Hans-Joachim Rudolphi zum 70. Geburtstag,* 2004, p. 105; Otto, in: Schroeder/Zipf (orgs.), *Festschrift für Reinhart Maurach zum 70. Geburtstag,* 1972, p. 102 e ss.; idem, *NJW* 1980, p. 423; idem, AT, § 9 nm. 101; idem, *Jura* 2001, p. 276; Brammsen, *MDR* 1989, p. 126; Kahlo, *GA* 1987, p. 75 e 77; além disso: Rudolphi, in: Rudolphi et alii (orgs.), *Systematischer Kommentar zum Strafgesetzbuch,* 17.ª atualização, Outubro de 1992, vor § 13 nm. 16 (atualmente Rudolphi/Stein, *Op. cit.,* 119ª. atualização, Setembro de 2009, vor § 13 nm. 32); Wolter, *Objektive und personale Zurechnung von Verhalten, Gefahr und Verletzung in einem funktionalen Straftatsystem*, 1981, p. 356, e os autores citados nas notas seguintes. Também algumas raras decisões seguiram essa linha: *RGSt* 75, p. 327 e ss. (apesar de invocar o superado são sentimento do povo); *BGHSt* 25, p. 163.

c) Os argumentos em favor da teoria da diminuição do risco

Em favor da teoria da diminuição do risco são aduzidos argumentos em diversos planos.

aa) O argumento político-criminal

No plano político-criminal, diz-se que não pode ser correto que o autor, justamente quando a vítima está exposta aos perigos mais intensos, seja dispensado do dever de executar a ação de salvamento.[22] Nesse contexto, claro é o exemplo dado por STRATENWERTH dos pais que se omitem levar ao médico para tratamento seu filho gravemente doente. Quanto mais doente o filho, quanto mais necessitado ele estiver de atendimento, mais difícil seria afirmar que levar o filho ao médico garantiria o salvamento. Isso significa que justamente no caso de urgência se diminuiria ou mesmo excluiria a responsabilidade dos pais, o que seria um absurdo[23]. Essas mesmas considerações são frequentemente formuladas com base na terminologia da teoria das normas: uma norma razoável deve exigir que toda chance de salvação seja aproveitada.[24] Não se pode abandonar a vítima justamente nos casos em que esta mais necessita de proteção.

Essas reflexões apresentam um núcleo de verdade, que, no entanto, foi obscurecido por uma formulação imprecisa e por uma equivocada alusão à teoria das normas. A consideração político-criminal é formulada de modo *impreciso* quando é dito que, segundo a teoria da evitabilidade, ações de salvamento não seriam devidas quando não fossem cem por cento seguras.[25] Afinal, como acabo de observar, a teoria da evitabilidade não é – assim como a (corretamente compreendida[26]) teoria da diminuição do risco – uma teoria sobre o conteúdo de um comando, sobre o desvalor de comportamento, mas

22. Cf. STRATENWERTH, in: LACKNER et alii (orgs.), *Festschrift für Wilhelm Gallas zum 70. Geburtstag am 22. Juli 1973*, 1973, p. 239; PUPPE, *ZStW* 95 (1983), p. 303; WOLTER, *Objektive und personale Zurechnung*, p. 336.

23. STRATENWERTH, *Strafrecht, Allgemeiner Teil*, 4.ª ed., 2000, § 13 nm. 55. Exemplo semelhante em OTTO, *NJW*, 1980, 423.

24. RUDOLPHI, *Systematischer Kommentar*, vor § 13 nm. 16; OTTO, *NJW* 1980, p. 423; BRAMMSEN, *MDR* 1989, p. 124.

25. Veja também ROXIN, AT, II, § 31 nm. 52, notas de rodapé n. 75 e ss., que qualifica a assertiva de "exagerada".

26. Comparar com a n. 61.

sobre a imputação de um resultado, ou seja, sobre o desvalor do resultado. Pelo mesmo fundamento, é *errado, do ponto de vista da teoria das normas*, argumentar no presente contexto com o conteúdo da norma de comando: é evidente que a norma de comando ordena aproveitar cada chance de salvamento, pois ela trata da determinação do desvalor do comportamento, a qual tem de ser feita de uma perspectiva *ex ante,* em que há apenas chances e não certeza. O argumento, porém, não tem nada a ver com a pergunta que aqui nos interessa, que diz respeito exclusivamente a se ao autor, que desrespeitou a norma de comando, cujo comportamento representa um inquestionável desvalor, pode, ademais, ser imputado um resultado.[27]

Contudo, essas considerações partem de uma *correta intuição político-criminal.* Na prática, no relevante âmbito dos crimes culposos, cuja punição pressupõe um desvalor do resultado, a teoria da evitabilidade levará, muitas vezes, a uma inaceitável isenção de pena. Creio que a todos pareça contraintuitivo que o médico, no caso da radioterapia, não seja punido pelo homicídio. Isso é reconhecido também pela jurisprudência alemã, uma vez que, em mais de uma oportunidade, o BGH optou por esquivar-se dessas duvidosas consequências da teoria da evitabilidade, invocando considerações adicionais ainda mais questionáveis.[28] A principal delas foi o argumento de que um prolongamento da vida, ainda que por poucas horas, seria suficiente para a imputação do resultado. Nesses casos, o BGH disse, assim, que a prática da ação devida, ainda que não salvasse com certeza a vida da vítima, seguramente a prolongaria por algumas horas, e isso já bastaria para condenar o omitente por homicídio consumado, uma vez que matar significa apenas encurtar a vida.[29] E,

27. Especialmente Frisch, *Tatbestandmäßiges Verhalten*, p. 540 e ss.; ao que parece também Schünemann, *StV* 1985, p. 232. O mesmo se pode objetar a Kahlo, *GA* 1987, p. 73, que confunde o problema da posição de garantidor, concernente ao desvalor do comportamento, com o problema da relação de causalidade ou da relação da violação do dever, que tem a ver com o desvalor do resultado.

28. Por isso, Gimbernat, *ZStW* 11 (1999), p. 321, chama – com um certo exagero – a probabilidade próxima da certeza de "um artifício retórico".

29. Já *RGSt* 51, p. 127; RG *NStZ* 1981, p. 218; RG *NStZ* 1985, p. 26 (caso da peritonite); crítico, com razão, Stratenwerth, *FS Gallas*, p. 239; idem/Kuhlen, AT, § 13 nm. 55; Puppe, *JR* 1994, p. 517; Roxin/Greco, AT, I, § 11 nm. 101; Roxin, AT, II, § 31 nm. 49. A fundamentação proposta por Frisch, *Tatbestandmäßiges Verhalten*, p. 554 e ss., segundo a qual esse resultado ainda estaria abarcado pelo fim de proteção da norma – isto é, que o fim da proibição é prolongar a vida e possibilitar uma chance de salvação – conduz, através

na decisão do caso do *spray* para couro, à qual retornaremos em mais detalhe, asseverou o BGH que não lhe cumpria investigar se a ação devida, que era a de ordenar o recall dos produtos defeituosos, teria evitado ou não os danos, pois isso seria matéria de fato, impassível de reexame em sede de recurso especial.[30]

Não se trata, assim, de que, para a teoria da evitabilidade, seria permitido omitir-se justamente quando a vítima mais necessita de socorro, e sim que a teoria deixaria o autor impune justamente nesses casos. Isso é, de fato, estranho. Essa consideração não é, contudo, uma razão definitiva para que se aceite a teoria da diminuição do risco. O defensor dessa teoria tem de aduzir ulteriores razões.

bb) O argumento ontológico

Frequentemente, a teoria da diminuição do risco é alicerçada sobre um argumento ontológico.[31] Esse argumento baseia-se na ideia de que existiriam *setores indeterminados da realidade*, aos quais pertencem decisões humanas, processos microfísicos, microbiológicos, de doenças e curas,[32] que, assim, não se subordinariam a leis causais estritas e determinísticas, de modo que, com relação a eles, não seria razoável exigir uma probabilidade próxima da certeza de evitar o resultado. Ninguém seria capaz de formular as leis deterministas que regeriam esses âmbitos da realidade. Caso não se queira, nesses campos, renunciar à imputação dos resultados danosos, outra solução não restaria senão contentar-se com um incremento do risco

de uma nova definição da evitação do resultado, a uma disfarçada teoria do incremento do risco (assim, com razão, Puppe, AT, § 2 nm. 23; idem, in: Schünemann et alii [orgs.], *Festschrift für Claus Roxin zum 70. Geburtstag am 15. Mai 2001*, 2001, p. 300).

30. *BGHSt* 37, p. 127; salientado por Roxin em *GA* 2009, p. 76; crítico, com razão, Otto, in: Weigend/Küpper (orgs.) *Festschrift für Hans Joachim Hirsch zum 70. Geburtstag am 11. April 1999*, 1999, p. 311 e ss; Gimbernat, *ADPCP*, 2000, p. 55; Puppe, *AT*, § 2 nm. 23.

31. Pioneiro: Stratenwerth, *FS Gallas*, p. 233; de acordo Wolter, *Objektive und personale Zurechnung*, p. 339; levando a ideia adiante Stratenwerth/Kuhlen, AT, § 13 nm. 56; e especialmente Puppe, *ZStW* 95 (1983), p. 294; idem, *ZStW* 99 (1987), p. 603; idem, *JR* 1994, p. 517; idem, *JR* 1992, p. 31; idem, *FS Roxin I*, p. 302 e ss.; idem, AT, I § 2 nm. 24; idem, Nomos Kommentar, vor § 13 nm. 135; idem, *GA* 2010, p. 564; seguindo-a Osnabrügge, *Die Beihilfe und ihr Erfolg*, 2002, p. 203 e ss.; em parte, Kahlo, *GA* 1987, p. 77. Relevantes considerações em Kahrs, *Vermeidbarkeitsprinzip*, p. 51.

32. Com a maior clareza: Puppe, *AT*, § 2 nm. 26; idem, *FS Roxin*, p. 303.

ou, nos crimes omissivos, com uma diminuição do risco; logo, com uma imputação baseada em leis de probabilidade, ao invés de em leis deterministas.

A essa fundamentação objetou-se, sobretudo, que a distinção entre âmbitos determinados e indeterminados é, em si mesma, indeterminada.[33] Essa crítica, entretanto, não me parece convincente. Em primeiro lugar, pode-se replicar que toda distinção que não se refira a critérios como os do art. 27 do CPB ("Os menores de 18 [dezoito] anos são penalmente inimputáveis..."), isto é, a uma grandeza numérica, gera dificuldades de delimitação. Nenhum critério distintivo escapará dessa crítica, de modo que a ela não se pode atribuir maior peso. Em segundo lugar, é de recordar-se que PUPPE concretizou com precisão quais setores da realidade seriam indeterminados: aqueles em que há decisões humanas, processos microfísicos e microbiológicos.[34] A ideia que havia sido apenas vagamente formulada por STRATENWERTH foi, assim, precisada por PUPPE, de sorte que a crítica em si é provavelmente exagerada.

A meu ver, a objeção decisiva, ou melhor seria falar em ressalva decisiva, deveria ser outra: pelo menos no que diz respeito a alguns dos âmbitos apontados por PUPPE, não é de modo algum inequívoco que eles são de fato indeterminados. Relativamente a decisões humanas, existe a venerável e, desde pouco tempo novamente atual, discussão sobre o livre-arbítrio.[35] E mesmo na medicina, em que a causalidade parece ser um conceito mais probabilístico do que determinístico,[36]

33. Especialmente SAMSON, in: STRATENWERTH et alii (org.), *Festschrift für Hans Welzel zum 70. Geburtstag am 25. März 1974,* 1974, p. 593, nota 8; SAMSON, in: RUDOLPHI et alii (org.), *Systematischer Kommentar*, 12.ª atual., Junho de 1989, Anhang zu § 16 nm. 27a (na 39.ª atualização empreendida por HOYER – junho de 2004 – a passagem não é mais encontrada); KRÜMPELMANN, *GA* 1984, p. 499 (também contra a delimitação de PUPPE, que, em sua opinião, não é suficiente); SCHÜNEMANN, *StV* 1985, p. 230.

34. Cf. nota 32.

35. De uma perspectiva filosófica, KANE (org.) *The Oxford Handbook of Free Will,* 2002; de uma perspectiva jurídico-penal, clássico ENGISCH, *Die Lehre von der Willensfreiheit in der strafrechtsphilosophischen Doktrin der Gegenwart,* 1965, passim; recentemente, HERZBERG, *Willensunfreiheit und Schuldvorwurf,* 2010, passim; na literatura brasileira, RODRÍGUEZ, *Livre arbítrio e direito penal*, 2017. Embora Puppe tenha afirmado, de passagem (n. 5 – NK, prévio ao § 13 nm. 131 e ss.), que seu ponto de vista seria independente dessa discussão, não se compreende como tal possa ser o caso.

36. VONKA, *Philosophical Transactions: Biological Sciences* 355, 2000, p. 1837; LAGIOU/ADAMI/TRICHOPOULOS, *EuJEp* 20, 2007, p. 570.

isso não significa necessariamente que a realidade nesses campos apresente uma estrutura indeterminada ou probabilística. Nada impede que essa indeterminação seja meramente aparente, derivada não de como as coisas realmente são, e sim de nosso desconhecimento de determinados fatores.[37] Não sabemos, assim, se a indeterminação de que fala PUPPE é, como ela afirma, um dado de realidade, ou algo que um dia, com o avanço da ciência, iremos superar. E, sendo assim, a questão que se coloca é: com que direito esse nosso desconhecimento pode reverter em desfavor do autor?[38]

Noutras palavras: o argumento ontológico é demasiado pretensioso, porque ele pressupõe uma tomada de posição em difíceis disputas, de natureza filosófica, que não temos como resolver. A teoria do aumento do risco, ou melhor, da diminuição do risco andará melhor, portanto, se renunciar a esse argumento, como também o fazem implicitamente vários de seus defensores.

cc) Outros argumentos

Em prol da teoria do incremento do risco podem ser mencionados alguns *argumentos dogmáticos adicionais*. Frequentemente se cita a seguinte afirmação de STRATENWERTH: "A responsabilidade pela lesão do bem jurídico é sempre intermediada pela responsabilidade pelo perigo, do qual ela decorre".[39] Isso quer dizer apenas que um aumento do perigo (nos crimes omissivos: não-diminuição do perigo) constitui um pressuposto necessário da responsabilidade pelo resultado lesivo; se o aumento do perigo, além disso, é suficiente, isso permanece ainda por responder. Também se questionou que a teoria da evitabilidade fosse capaz de fundamentar a punibilidade da tentativa: se, no tipo objetivo, for exigida a segurança da hipotética evitação do resultado, então o dolo também deveria a ela referir-se. Isso significaria que, tão logo o autor perceba que a evitação do resultado é incerta, a doutrina majoritária ver-se-ia obrigada a negar-lhe o dolo e ele não poderia, portanto, tampouco ser apenado pela tentativa.[40] Essas considerações, das quais partiu o próprio BGH no

37. Concessão feita também por PUPPE, *AT*, § 2 nm. 26.
38. Semelhante: SCHAAL, *Verantwortlichkeit*, p. 154 e ss.
39. STRATENWERTH, *FS Gallas*, p. 238.
40. STRATENWERTH, *AT*, § 13 nm. 55; BRAMMSEN, *MDR* 1989, p. 125; PUPPE, *AT*, § 2 nm. 22.

chamado caso da defenestração,[41] em que um pai jogou seu filho pela janela, para salvá-lo de um incêndio, vindo o filho a falecer em razão da queda, não são convincentes. Pelo contrário, ainda que o autor esteja em dúvida quanto à evitação do resultado, isso será suficiente para atribuir-lhe dolo eventual caso ele permaneça inativo.[42] Por fim, menciona-se também um terceiro argumento questionável, o de que uma punição a título de tentativa seria, segundo o entendimento dominante, também impossível, porquanto, de acordo com a teoria da evitabilidade, apenas a não execução de um comportamento que, com segurança, afasta o resultado seria violadora do dever.[43] Isso, porém, não é exato: a omissão, nos casos que discutimos, é seguramente violadora do dever. O que se questiona, como já observei repetidas vezes, é apenas se, além dessa violação de dever, existe um desvalor do resultado.

dd) O argumento decisivo: o resultado como confirmação da correção da norma proibitiva

Faça-se, assim, um pequeno *balanço*. Em prol da teoria da diminuição do risco, não militam nem argumentos fundados na teoria das normas, nem em considerações ontológicas, nem as várias considerações dogmáticas que acabamos de examinar. Todavia, essa teoria é *político-criminalmente razoável* enquanto os delitos culposos continuem a ser concebidos quase que exclusivamente como delitos de resultado.

Deve-se reconhecer que a política criminal e a dogmática penal não devem ser antagônicas. A dogmática é muito mais a "forma através da qual os objetivos da política criminal são transportados para o modo da vigência jurídica".[44] Logo, a constatação da razoabilidade político-criminal da teoria da diminuição do risco constitui,

41. BGH *JZ* 1973, p. 173; críticos: ENGLÄNDER, *JuS* 2001, p. 961; HERZBERG, *MDR* 1971, p. 883; JAKOBS, *AT*, 29/82, n. 168; SPENDEL, *JZ* 1973, p. 142; ULSENHEIMER, *JuS* 1972, p. 253 (que, ao final, rejeita o elemento volitivo do dolo); discussão do caso também em TAVARES, *Teoria dos crimes omissivos*, p. 367.

42. PUPPE, *ZStW* 95 (1983), p. 303; SCHÜNEMANN, *StV* 1985, p. 232; RANFT, *JZ* 1987, p. 863; ROXIN, AT, *II*, § 31 nm. 48.

43. STRATENWERTH/KUHLEN, *AT*, § 13 nm. 55; BRAMMSEN, *MDR* 1989, p. 125.

44. ROXIN, *Kriminalpolitik und Strafrechtssystem*, 2.ª ed., 1973, p. 40 (em português: *Política criminal e sistema jurídico-penal*, trad. Greco, 2000).

desde logo, um *fundamento prima facie* para segui-la. E essa razão prima facie se tornará ainda mais forte se essa consideração político-criminal puder ser *operacionalizada dogmaticamente*. Isso é o que agora tentarei fazer: traduzir dogmaticamente a intuição político-criminal que está por trás da teoria da diminuição do risco.

Meu ponto de partida será perguntar qual o *papel do desvalor do resultado* no conceito de injusto.[45] Por que o resultado importa? Por que não punimos exclusivamente comportamentos ilícitos, com independência de o que deles possa decorrer? Em um direito penal protetor de bens jurídicos,[46] o resultado deve ser uma componente do injusto e não uma mera condição objetiva de punibilidade,[47] pois a ocorrência do resultado confirma que a ordem jurídica tinha boas razões para proibir o respectivo comportamento (o que se poderia chamar de *função de confirmação* do desvalor do resultado). Se puníssemos independentemente de se o resultado se produziu ou não, o direito penal seria desvinculado da tarefa de proteção de bens jurídicos e se tornaria um mero direito protetor de normas de comportamento. O resultado importa, porque ele demonstra que o comportamento fora proibido não por mero capricho, não por que a ordem jurídica queria exigir obediência, e sim porque a ordem jurídica o considerava perigoso; o resultado confirma que essa avaliação da ordem jurídica era correta.

Dessa função de confirmação do desvalor do resultado podemos deduzir sem maiores dificuldades a *teoria do aumento/da diminuição do risco*. Essa confirmação não se produz quando a ocorrência do resultado é certa, ainda que o autor tivesse se comportado em conformidade ao direito, ou mais precisamente, ainda que ele tivesse realizado a conduta devida. No entanto, se a conduta devida melhorar as

45. Sobre essa discussão nos últimos tempos, Roxin/Greco, AT, § 10 nm. 88 e ss.; Hirsch, in: Graul/Wolf (orgs.), *Gedächtnisschrift für Dieter Meurer*, 2002, p. 3 e Jakobs, in: Joecks et alii (orgs.), *Recht – Wirtschaft – Strafe, Festschrift für Erich Samson*, 2010, p. 43 com ulteriores referências.

46. A respeito, mais recentemente: Roxin, in: Herzog/Albrecht (orgs.), *Festschrift für Winfred Hassemer zum 70. Geburtstag am 17. Februar 2010*, 2010, p. 573.

47. Nesse sentido, contudo, para os crimes culposos, Armin Kaufmann, in: Dornseifer et alii (org.), *Strafrechtsdogmatik zwischen Sein und Wert*, 1982, p. 136; idem, *FS Welzel*, p. 411; para os crimes dolosos e culposos, Zielinski, *Handlungs- und Erfolgsunwert im Unrechtsbegriff*, 1973, p. 128, 136 e ss., 143; Horn, *Konkrete Gefährdungsdelikte*, 1973, p. 97; Sancinetti, *Teoría del Delito y disvalor de la acción*, 1991, p. 43 e ss.

chances de salvamento do bem, a proibição, também de uma perspectiva *ex post,* se confirma como razoável e justificada.[48] Afinal, já nesses casos a ordem jurídica poderá dizer ao autor: "você enxerga, agora, por que eu lhe dirigi essa ordem? Se você a tivesse cumprido, provavelmente isso que ocorreu teria sido evitado". Pareceria estranho que o autor pudesse objetar: "Sim, mas só provavelmente, e não com segurança." Porque isso abriria espaço para a seguinte réplica: "essa insegurança é intolerável, também por ela e pela chance de salvamento que você desperdiçou é que você tinha de ter atuado".

Isso significa que temos uma razão prima facie dogmaticamente fundamentada para seguir a teoria da diminuição do risco. Em favor da teoria da diminuição do risco milita não apenas uma consideração político-criminal, como também a própria *ratio* por trás da exigência de um desvalor de resultado para a constituição do injusto. Resta apenas examinar se há *contrarrazões* fortes o suficiente para superar essa razão prima facie. Para tanto, examinemos as objeções formuladas pela doutrina majoritária contra a teoria da diminuição do risco. A elas nos voltaremos no seguinte apartado.

d) Objeções

aa) As duas objeções clássicas: transformação de delitos de lesão em delitos de perigo; violação do in dubio pro reo

Na discussão sobre a teoria do aumento do risco nos crimes comissivos, formulam-se duas conhecidas objeções, que também se aplicam ao uso da ideia nos crimes omissivos. A primeira delas afirma que a renúncia à probabilidade próxima da certeza da evitação do resultado *transformaria os delitos de lesão em delitos de perigo.*[49]

48. Schünemann, *JA* 1975, p. 652; idem, *GA* 1985, p. 355; idem, *GA* 1999, p. 225 confere formulação similar ao *critério* de sua "teoria do incremento do risco normativamente reformulada"; cumpriria avaliar se também *ex post*, isto é, quase que retroativamente, a proibição que incidiu *ex ante* está fundada em preocupações legítimas sobre a incolumidade de um bem jurídico. Essas considerações servem, a meu ver, antes como descrição da *ratio* do desvalor do resultado do que como critério de imputação.

49. Samson, *Hypothetische Kausalverläufe im Strafrecht,* 1972, p. 155; Idem, *Systematischer Kommentar*, Anh. § 16 nm. 27a; Fünfsinn, *Aufbau*, p. 112; Jakobs, *AT*, 7/99; Kölbel, *JuS* 2006, p. 311, n. 12.

Em segundo lugar, objeta-se que a imputação de um resultado apesar da existência de dúvida sobre a sua evitabilidade seria uma violação ao princípio *in dubio pro reo.*[50]

No entanto, ambas objeções são circulares e apresentam outros defeitos.

Se a evitabilidade do resultado final, de lesão, pertence ou não à estrutura dos delitos de lesão é justamente o que se está sob disputa; é, assim, uma mera petição de princípio afirmar que o adversário concebe erroneamente essa estrutura, porque ele a interpreta de modo distinto.[51]

Além disso, a objeção parece ignorar que só se começa a discutir a imputação de um resultado quando este efetivamente ocorreu.[52] Não há, assim, nos presentes casos, mero perigo, mas lesão, e lesão causada pelo autor. A primeira objeção não logra convencer.

Tampouco a segunda objeção é coroada de qualquer sucesso. O princípio *in dubio pro reo* apenas seria violado se a evitabilidade do resultado fosse um pressuposto do tipo objetivo que devesse ser comprovado no processo – portanto, também essa segunda objeção vive da pressuposição do acerto de seu próprio ponto de vista.[53]

A rigor, o apelo ao princípio *in dubio pro reo* significa uma confusão de categorias, pois esse princípio tem natureza jurídico-processual e não pode ser invocado para resolver questões de direito material, que é o de que se trata aqui.[54]

50. Ulsenheimer, *Das Verhältnis zwischen Pflichtwidrigkeit und Erfolg bei den Fahrlässigkeitsdelikten,* 1965, p. 138; idem, *JZ* 1969, p. 367; Herzberg, *MDR* 1971, p. 881; Samson, *Systematischer Kommentar*, p. 47; Jakobs, *AT*, 7/100, § 29 nm. 20; Weigend, *Leipziger Kommentar*, § 13 nm. 72; Stree/Bosch, *Schönke-Schröder*, § 13 nm. 63: "pena de suspeita"; do mesmo modo: Freund, *AT*, § 13 nm. 211.

51. Schünemann, *JA* 1975, p. 653. Isso também é admitido por defensores da teoria da evitabilidade, como, por exemplo, Frisch, *Tatbestandsmäßiges Verhalten*, p. 539.

52. Roxin/Greco, AT, I, § 11 nm. 93; Hoyer, *FS Rudolphi*, p. 103; além disso, as sutis reflexões de Puppe, *Nomos Kommentar*, vor § 13 e ss. nm. 142 e ss.

53. Admitem isso os partidários da teoria da evitabilidade, como Frisch, *Tatbestandsmäßiges Verhalten*, p. 540 e Samson, *Systematischer Kommentar*, Anh. § 16 nm. 27a.

54. Roxin, *ZStW* 78 (1966), p. 218; Kahlo, *GA* 1987, p. 76; ver também, ainda que em outro contexto dogmático, Leite, *Dúvida e erro sobre a proibição no Direito Penal,* 2012, p. 28 e s.

bb) O verdadeiro problema: teoria da diminuição do risco como substituta da causalidade?

(1) Descrição do problema: a dificuldade de distinguir causalidade e imputação no delito omissivo de resultado

A teoria da diminuição do risco não tem o que temer dos adversários da tese do aumento do risco. Os ataques que têm de ser mais levados a sério vêm de outro flanco, a saber, daqueles autores que não têm nenhuma dúvida em relação ao aumento do risco nos crimes comissivos, mas que querem seguir a opinião majoritária, a teoria da evitabilidade, apenas nos crimes omissivos.[55] O fundamento *dessa* posição reside em que, nos crimes comissivos, é possível distinguir claramente entre a causalidade fática e a imputação normativa do resultado, o que não é possível nos crimes omissivos. A discussão sobre os grupos de casos do comportamento alternativo conforme ao direito nos crimes comissivos pressupõe a causalidade da ação para o resultado.

Tomando como base o leading case (BGHSt 11, 1): um caminhoneiro ultrapassa um ciclista sem respeitar a distância mínima, o ciclista acaba sendo atropelado pelo caminhão e falece. Posteriormente, descobre-se que o ciclista estava embriagado. Surge, assim, dúvida quanto a se o resultado teria realmente sido evitado se o caminhoneiro tivesse realizado a ultrapassagem atendendo às exigências do direito. Nesse caso, é claro que o comportamento do motorista foi *conditio-sine-qua-non*, isto é, causa da morte do ciclista embriagado: se subtrairmos mentalmente a ultrapassagem, o ciclista continua vivo. A invocação da teoria do incremento do risco, que quer imputar o resultado só quando o comportamento incorreto, além de ter causado o resultado, tiver aumentado o risco de que a lesão ocorresse, conduz, portanto, a uma restrição da punibilidade. Ela é uma exigência que se põe ao lado da causalidade, depois de verificada a existência desta.

Nos crimes omissivos, pelo contrário, discute-se sempre sobre ambas as questões, causalidade e imputação, ao mesmo tempo, com

55. Pioneiro: SCHÜNEMANN, *JA* 1975, p. 655; IDEM, *StV* 1985, p. 232; IDEM, *GA* 1985, p. 358; KUHLEN, *NStZ* 1990, p. 569, n. 61; KÖHLER, *AT*, p. 229; GIMBERNAT, ZStW 111 (1999), p. 323; JESCHECK/WEIGEND, *Strafrecht: Allgemeiner Teil*, 5ª. ed., 1996, p. 620; LACKNER/KÜHL, *Strafgesetzbuch, Kommentar*, 27.ª ed., 2011, vor § 13 nm. 14a; semelhante LAMPE, *ZStW* 101 (1989), p. 13.

a consequência de que a teoria da diminuição do risco não atuaria como limitação da causalidade, mas como sua substituta. Isso seria uma analogia in malam partem, tanto no direito alemão, porque nos tipos penais de crimes culposos o StGB fala em uma "causação" do resultado, quanto no direito brasileiro, em que o art. 13, *caput,* do CP deixa claro que só há responsabilidade por resultado que se causou. Com efeito, quem defende a teoria da diminuição do risco para os crimes omissivos terá de apresentar uma convincente resposta a essa objeção.[56]

(2) Primeira réplica: também no delito comissivo se identificariam causalidade e imputação

Uma primeira resposta seria questionar a premissa segundo a qual a doutrina do incremento do risco atua nos delitos comissivos simplesmente como limitadora da causalidade. Assim, afirma-se que os casos que agora discutimos seriam resolvidos não por meio das fórmulas da *conditio-sine-qua-non* (ou da condição adequada a uma lei natural), mas sim acudindo a leis puramente probabilísticas.[57] Isso

56. A réplica de que adotar a teoria do aumento do risco para os delitos comissivos e não a sua irmã gêmea nos delitos omissivos seria um inaceitável tratamento desigual da omissão frente aos crimes comissivos (assim RANFT, *JZ* 1987, p. 862; OTTO, *AT*, § 9 nm. 101; IDEM, *Jura* 1991, p. 277) é insuficiente, por duas razões. Primeiramente, o conteúdo do injusto das omissões é, ceteris paribus, menor do que o das comissões (assim, também, SCHÜNEMANN, *JA* 1975, p. 655 e, em geral, ENGISCH, in: LACKNER et alii [orgs.], *Festschrift für Wilhelm Gallas zum 70. Geburtstag am 22. Juli 1973,* 1973, p. 189; KARGL, *GA* 1999, p. 459; recorde-se, além disso, o § 13 Abs. 2 StGB, que permite uma redução facultativa da pena no delito omissivo impróprio). Não cabe, aqui, fundamentar essa assertiva. De qualquer forma, parece ser uma verdade do mundo moral e também jurídico que aquilo que fazemos nos "pertence" mais do que aquilo que deixamos acontecer (MOORE, *Act and Crime*, Oxford, 1993, p. 25). Ademais, um argumento de tratamento isonômico não é, essencialmente, outra coisa senão uma analogia em sentido amplo; trata-se, assim, de uma consideração que, em um sistema que reconhece o princípio *nullum crimen,* não pode sobrepor-se a um argumento que se baseia no sentido literal da lei. Recorde-se que, se ultrapassado esse limite do sentido literal da lei, está-se no campo da analogia, que no direito penal não é permitida *contra reum.*

57. PUPPE, ZStW 95 (1983), p. 286 (especialmente, p. 305 e ss.); HILGENDORF, *Jura* 1995, p. 519; IDEM, in: HEINRICH et alii (org.), *Festschrift für Ulrich Weber zum 70. Geburtstag am 18. September 2004*, 2004, p. 42; ROLINSKI, in: KÜHNE (org.), *Festschrift für Koichi Miyazawa,* 1995, p. 490; HOYER, *GA* 1996, p. 168; KNAUER, *Die Kollegialentscheidung im Strafrecht,* 2001, p. 110 e ss. (em adesão a HOYER); PÉREZ BARBERÁ, *ZStW* 114 (2002), p.

significa que a teoria do incremento do risco, já nos delitos comissivos, não seria uma limitação, e sim uma verdadeira substituta da causalidade, de maneira que não haveria razão para, no delito omissivo, hesitar em dar os passos que já foram dados no delito comissivo.

Na versão original do presente estudo, dirigi a essa réplica três objeções; hoje vejo que apenas duas delas são corretas, a primeira e a terceira.

Primeiramente, pode-se repetir o argumento já aventado, segundo o qual probabilidades baseadas em possível desconhecimento oferecem um fundamento duvidoso para uma punição. Quem garante, aqui, que não estaríamos fazendo o autor pagar pelo fato de não ser possível fazer uma prova em seu favor?

Em segundo lugar, afirmei que a alegada necessidade de recorrer a leis probabilísticas, na verdade, decorreria de que, na esteira da doutrina da condição adequada a uma lei natural, se entenda a causalidade como subsunção a uma lei causal geral. Como, em muitos casos, não se consegue encontrar uma lei determinística, recorre-se a uma probabilística. Mas se renunciássemos de antemão à pretensão de formular lei gerais – o que seria, segundo eu pensava, a grande vantagem da fórmula da *conditio-sine-qua-non* – então, desapareceria essa necessidade das leis probabilísticas[58]. Como abaixo veremos (III. 2. c] aa] [2] [b]), não é possível renunciar à ideia de subsunção sob uma lei geral para falar em causalidade. Hoje vejo que essa objeção é, portanto, errônea.

Meu terceiro argumento tem natureza pragmática. Ele leva em conta que a causalidade desempenha um papel tão fundamental no direito penal que somente diante de urgência extrema se deveria proceder a modificá-la. Como tal necessidade não parece existir,

611; idem, *Causalidad, resultado y determinación,* 2006, p. 72 e ss.; Ziethen, *Grundlagen probabilistischer Zurechnung im Strafrecht,* 2004, p. 75 e ss.; Sarrabayrouse, *Responsabilidad penal por el producto,* 2007, p. 387 e ss.; Bloy, in: Böse et alii (orgs.), *Gerechte Strafe und legitimes Strafrecht, Festschrift für Manfred Maiwald zum 75. Geburtstag,* 2010, p. 52 e Jäger, *FS Maiwald*, p. 356, além dos autores que recorrem a um argumento ontológico como fundamento da teoria do incremento do risco (supra, c] bb]).

58. Dei como exemplo a evidência da causalidade da compra de um bilhete de loteria para o ganho do prêmio, e afirmei que essa certeza não se baseia em uma subsunção a uma lei de probabilidade, mas em uma simples aplicação da fórmula da *conditio-sine-qua-non.* Como demonstrou Rocha, *Causalidade*, p. 152, eu me enganei.

são preferíveis as soluções que, em princípio, deixam intocados os elementos do conceito de causalidade.[59]

(3) Segunda réplica: distinção entre causalidade e imputação no delito omissivo de resultado

A segunda solução é a proposta por Rudolphi, para quem é possível distinguir causalidade da diminuição do risco uma vez que se tenha como ponto de referência da causalidade não um resultado em abstrato, e sim o resultado em sua configuração concreta, tal como ele ocorreu.[60] De modo similar, exige Roxin que a conduta devida pudesse, com segurança, ter atuado sobre o foco do perigo e diminuído o risco.[61] Portanto, a seu ver deve ser sempre afirmada a causalidade quando, acrescentada mentalmente a conduta devida, resultar um outro curso causal subsequente.[62]

A ideia do resultado em sua configuração concreta (Erfolg in seiner konkreten Gestalt) é conhecida também do público brasileiro, ainda que não necessariamente sob essa denominação. Ela é manejada na manualística quando se explica a fórmula da *conditio-sine-qua-non* e se diz que o que importa não é o resultado em abstrato, a saber, a morte de A, e sim o resultado "no momento em que ocorreu e

59. Nesse ponto, deve-se seguir também aqui um princípio do conservadorismo epistêmico. Sobre isso, noutro contexto: Greco, *GA* 2009, p. 647 (traduzido para o português, por Assis, in: Silveira/Rassi [orgs.], Estudos em homenagem a Vicente Greco Filho, 2014, p. 351 e ss.).

60. Rudolphi, *Systematischer Kommentar*, vor § 13 nm. 16a; de acordo Otto, *AT*, § 9 nm. 101; idem, *Jura* 2001, p. 277.

61. Roxin, *GA* 2009, p. 77; idem, AT II, § 31 nm. 54 e ss. É verdade que Roxin não se considera um partidário da teoria da diminuição do risco, pois ele acentua que a diminuição do risco deveria ocorrer, com segurança, *ex pos*t (AT II, § 31 nm. 54; idem, in: Schröder et alii [orgs.], *Festschrift für Hans Achenbach,* 2011, p. 421 e ss.). Todavia, ao fazer depender a imputação de que se diminua uma fonte de perigo, defende ele, sim, uma teoria da diminuição do risco (e por isso pode ele manifestar sua concordância com Stratenwerth, um incontroverso partidário da teoria da diminuição do risco – Roxin, AT II, § 31 nm. 61). De fato, o esclarecimento de que a teoria da diminuição do risco parte de uma perspectiva ex post é esquecido por alguns partidários da teoria da diminuição do risco, que se manifestam em favor de uma perspectiva ex ante (por ex. Brammsen, *MDR* 1989, p. 124). Com isso, no entanto, resta incompreendido que a problemática em questão tem a ver com o desvalor do resultado, que é regido de uma perspectiva *ex post* (correto Roxin/Greco, AT I, § 11 nm. 94).

62. Implicitamente Roxin, AT II, § 31 nm. 56.

da forma como ocorreu",[63] ou seja, a morte de A ocorrida às 17h55 do dia 12 de agosto de 2017, no seu leito conjugal, ao lado de sua esposa, após receber 27 facadas.

É verdade que quem argumenta com a figura do resultado em sua configuração concreta tem o ônus de replicar às importantes objeções que sobretudo Puppe dirigiu à figura. Aqui interessa, principalmente, a suspeita de que essa figura serviria para postular nexos causais de modo manipulativo e circular.[64] Para explicitá-lo com base em um exemplo clássico: até a conduta de pintar o vaso poderá ser considerada causa do dano, se o resultado em sua concreta configuração, tal como ele ocorreu, for entendido como a "destruição do vaso pintado".[65] Afinal, subtraindo mentalmente o ato de pintar, o resultado assim descrito desaparece.

Na primeira versão do presente estudo, argumentei que esse problema fora satisfatoriamente resolvido por Erb em uma publicação pouco notada pela doutrina. Erb propõe que unicamente dados relativos ao *lugar e ao tempo da ocorrência do resultado* devam ser incluídos na configuração concreta do resultado. Seria especialmente errôneo inserir o curso causal que conduz ao resultado[66] e o comportamento do agente entre os dados que individualizam o resultado tal como ele ocorreu.[67] Com base no já citado caso da defenestração, em

63. Gueiros Souza/Japiassú, *Curso de direito penal, Parte geral,* 2.ª ed., 2015, p. 207.

64. Especialmente Puppe, *ZStW* 92 (1980), p. 872; idem, *ZStW* 99 (1987), p. 596; idem, *SchwZStR* 107 (1990), p. 143, n. 2; idem, *GA* 1994, p. 299; idem, *Nomos Kommentar*, vor § 13 ff. nm. 98; idem, *GA* 2010, p. 558. Nesse sentido também os seus alunos Osnabrügge, *Die Beihilfe und ihr Erfolg,* 2002, p. 51 e ss.; Sofos, *Mehrfachkausalität beim Tun und Unterlassen,* 1999, p. 73 e ss.; de acordo, em princípio, Hilgendorf, *GA* 1995, p. 524; Knauer, *Kollegialentscheidung*, p. 91 e ss.; Jäger, *FS Maiwald*, p. 349, cuja solução – diferenciar entre "resultado" e "evento", sendo que a este último devem pertencer tanto o resultado como o curso que o antecede (p. 354 e ss., 356) – conduz provavelmente ao mesmo problema de circularidade (o que fica manifesto no tratamento que Jäger dispensa ao problema da causalidade em decisões colegiadas – p. 361). Semelhante, também, Röh, *Erklärung*, p. 7 e ss.

65. O exemplo remonta, provavelmente, a Träger, *Der Kausalbegriff im Straf- und Zivilrecht,* 2ª. ed., 1929, p. 41.

66. Contra isso já Engisch, *Kausalität*, p. 16.

67. Erb, *JuS* 1994, p. 452. Toepel, *Kausalität*, p. 78, quer, porém, concretizar o resultado tanto quanto necessário para eliminar causas-reserva, mas, com isso, cai em um círculo vicioso (crítica, com razão, Puppe, *Nomos Kommentar*, vor § 13 ff. nm. 98; por isso, diferentemente, Toepel, in: Paeffgen et alii [orgs.], *Strafrechtswissenschaft als Analyse*

que o pai não joga seus filhos pela janela de um prédio em chamas e os deixa morrer no incêndio:[68] esse pai não deve ser absolvido nem por causa da ausência de causalidade em relação ao resultado "morte dos filhos", nem pode ser afirmado que ele causou "a morte nas chamas",[69] mas apenas que ele causou a "morte das crianças no prédio x às n horas".[70] A isso poderia ser acrescentado que a defenestração poderia ter criado uma chance de salvamento, de modo que deve ser afirmado o desvalor do resultado do delito omissivo. Essa concretização do resultado não poderia ser questionada com reflexões sobre o fim de proteção da norma,[71] pois elas devem ser levadas em consideração no plano da imputação e não no da causalidade. Também a objeção por vezes formulada, de que essa solução seria incapaz de resolver alguns casos,[72] somente é uma insuficiência para aqueles que partem de uma petição de princípio, no sentido de que apenas a afirmação da imputação do resultado pode ser entendida como uma boa solução.

Hoje percebo que a referência ao lugar do resultado tampouco é necessária, mas que, além dos *dados temporais*, devem ser levadas em conta a *quantidade/intensidade do resultado* no momento de

und Konstruktion, Festschrift für Ingeborg Puppe zum 70. Geburtstag, 2011, p. 302 e ss., exige atualmente, pelo menos a concretização temporal e considera a concretização espacial algo "plausível").

68. BGH, *JZ* 1973, p. 173.

69. Assim, Spendel, *JZ* 1973, p. 140; idem, *FS Herzberg*, p. 252.

70. Semelhante Herzberg, *MDR* 1971, p. 882.

71. Schünemann, *StV* 1985, p. 232: a "finalidade do dever de salvação" não visa "à modificação das circunstâncias, mas ao impedimento de ocorrência do resultado".

72. Assim Hoyer, *FS Rudolphi*, p. 96: ainda que o médico tivesse, como devia, partido imediatamente, ele talvez não tivesse chegado a tempo de socorrer a pessoa em perigo de vida. Segundo a presente perspectiva, o médico não deveria ser responsabilizado pelo resultado, porquanto inexiste a relação de causalidade. Pense-se também na conduta do pai no discutido caso do "carrasco": no exato momento em que o carrasco vai apertar o botão que aciona a cadeira elétrica em que será executado o assassino condenado à morte, o pai da vítima se antecipa e aperta ele mesmo o botão. Aqui, parece que seria impossível afirmar a causalidade, se o que importa são as coordenadas de tempo (e de lugar). Ainda que isso seja de conceder-se no exemplo tal como ele é construído, a ocorrência de um resultado precisamente no mesmo momento é completamente improvável do ponto de vista fático (nesse ponto, correto Toepel, *Kausalität*, p. 76 e ss.). Se, contudo, essa situação apenas em teoria possível ocorrer, tem-se, contudo, de recusar a causalidade (do mesmo modo Toepel, *Kausalität*, p. 76 e ss.; Frister, *Strafrecht*, Allgemeiner Teil, 4.ª ed., 2009, § 9 nm. 12 e ss.).

individualizá-lo.[73] Cheguei à conclusão de dispensar a referência ao lugar do resultado, após refletir sobre um exemplo que já aparecia no estudo original, o daquele que se limita a arrastar uma pessoa moribunda para cinco metros de distância de onde se encontrava. Quem assim age, seria causa do resultado ocorrido neste determinado lugar. Essa conclusão me parece insatisfatória, e tampouco quero, como fiz anteriormente, relegar o problema ao plano da imputação objetiva.[74]

Recorrerei a exemplos relativos à chamada causalidade psíquica para esclarecer o que acabo de dizer. É inquestionável que quem diz a outrem: "não desfira um só soco, e sim cinco", provocando cinco hematomas no corpo da vítima, é causa de um resultado (provavelmente, de quatro socos e quatro hematomas[75]), ou que quem diz a outrem: "não desfira apenas um tapa, e sim um soco", causa a lesão que ao final se produz. Para dar conta disso, não posso contentar-me em individualizar o resultado com base no momento de sua produção, mas tenho de levar em conta também sua quantidade e/ou intensidade. Não havia percebido a importância da quantidade e da intensidade do resultado, talvez porque estivesse excessivamente focado em delitos contra a vida. Uma vez que se comece a pensar em delitos contra a integridade física ou principalmente em delitos contra o patrimônio ("não se aproprie apenas de quinhentos reais, e sim de mil"), a relevância desses fatores se torna evidente.

Essa especificação do resultado abre o caminho para a solução do problema de diferenciar com clareza causalidade e imputação objetiva no delito omissivo. Afinal, afirmar que a omissão deve ter seguramente causado o resultado em sua concreta configuração, portanto, como ocorrido em um determinado momento e em determinada quantidade/intensidade, não significa nenhum prejulgamento com relação ao problema da imputação. Assim, também no delito omissivo, e não apenas no comissivo, é plenamente *possível distinguir causalidade e imputação*. O temor de que a teoria da diminuição

73. Roxin/Greco, *AT I*, § 11 nm. 21 e s. Cf. ademais Kindhäuser, *ZStW* 120, 2008, p. 483, que quer levar em conta apenas o momento de ocorrência do resultado.

74. Resolvendo-o com base na consideração de que aqui não haveria criação de um risco proibido (mais precisamente: curso causal hipotético natural – e, portanto, relevante –, para o qual vigeria o assim chamado princípio da intensificação, v. Roxin/Greco, *AT I*, § 11 nm. 61 com referência a Samson, *Hypothetische Kausalverläufe*, p. 96 e ss.)

75. Sobre o problema dos resultados quantificáveis cf. Puppe, *AT*, § 1 nm. 12 e ss.

viole a proibição de analogia é, assim, infundado. Como no delito comissivo, só se perguntará pela imputação do resultado depois de já estar resolvida em sentido afirmativo a questão da causalidade.

Explicitando-o com base no citado exemplo da jurisprudência alemã, do marido que surra a sua esposa e não a conduz ao hospital:[76] aqui, sabemos que a sua omissão é causa do resultado já pelo fato de que a esposa, se levada ao hospital, receberia um tratamento que, no mínimo, retardaria a ocorrência da morte. O resultado concreto, individualizado principalmente pelo momento de sua ocorrência, isto é, a "morte da esposa às 17h35", terá sido causado pelo marido, ainda que não se saiba se os cuidados médicos teriam sido capazes de salvá-la de forma definitiva. É apenas desse segundo problema que se ocupa a teoria da imputação objetiva e a teoria da diminuição do risco aqui defendida. É possível, assim, defender essa teoria, sem que isso implique confundir causalidade e imputação do resultado.

Há, assim, espaço para que o problema da imputação seja resolvido no sentido da teoria da diminuição do risco, sem que isso implique modificação do conceito de causalidade.

e) Primeira Conclusão

Como conclusão, pode-se dizer que a teoria da diminuição do risco é razoável do ponto de vista político-criminal, pois ela evita cartas brancas para a falta de cuidado em perigosos âmbitos; ela é fundada de uma perspectiva dogmática, porque pode ser reconduzida às considerações que sustentam a própria ideia de desvalor do resultado; e frente a ela não há nenhuma objeção decisiva. Afinal, o receio de que ela poderia atuar como substituta da causalidade e com isso violar a proibição de analogia é infundado, pois é possível descrever o resultado em sua configuração concreta fazendo uso apenas de dados temporais e de considerações de quantidade e intensidade, de maneira que, também no campo da omissão, fiquem nitidamente separadas causalidade e imputação do resultado.

Os mencionados casos da jurisprudência devem, portanto, ser assim resolvidos: o marido que não leva sua esposa ao hospital causa a morte desta no momento *t;* se o tratamento médico teria criado

76. BGH *StV* 1985, p. 229.

uma chance de salvação é, evidentemente, uma questão de fato, mas parece natural supor que tal seria o caso, a não que se trate de lesões especialmente severas (caso em que haveria tentativa de homicídio). A radioterapia teria seguramente matado muitas células cancerígenas e, com isso, retardado a ocorrência da morte, de modo que a omissão foi causa da morte ocorrida naquele exato momento; e diante de 90% de probabilidade de ocorrência do resultado, dificilmente se pode duvidar de que a omissão privou a vítima de uma chance de salvamento. O resultado morte da vítima pode, portanto, ser imputado tanto ao marido quanto ao médico. O primeiro responde por homicídio doloso consumado por omissão, o segundo por homicídio culposo por omissão.

III

CAUSALIDADE EM OMISSÕES COLETIVAS (1): OMISSÕES SIMULTÂNEAS OU PARALELAS

A problemática agrava-se um pouco quando não só o autor, mas também outras pessoas devem agir a fim de que o resultado seja evitado. É aconselhável diferenciar, em tais casos de omissões coletivas, se as omissões acontecem simultaneamente (ou seja, de forma paralela) ou sucessivamente. Simultaneidade, seguindo a JAKOBS, não deve ser entendida tal qual o fariam as ciências da natureza, mas sim de uma perspectiva "prática": dois comportamentos são simultâneos quando cada qual tem de tomar sua decisão sem saber o que o outro está por decidir.[77] Da primeira situação cuidaremos no presente apartado, da segunda logo a seguir (IV.).

As duas manifestações mais importantes para discussão do grupo de casos de omissões paralelas são a decisão colegiada de omitir algo (por ex., a decisão de não fazer o recall de um produto perigoso) e a omissão de uma decisão colegiada (por exemplo, do recall de um produto).[78]

77. JAKOBS, *FS Miyazawa*, p. 424.

78. O primeiro grupo de casos acima, isto é, a tomada de uma decisão colegiada, consiste, em si, em um emprego de energia e, por isso, parece à primeira vista tratar-se de comissão, e não de mera omissão (assim também DENCKER, *Kausalität*, p. 168; SCHÜNEMANN, in: ROXIN/WIDMAIER [orgs.], *50 Jahre Bundesgerichtshof, Festgabe aus der Wissenschaft,*

1. O problema: exoneração recíproca?

Esses grupos de casos apresentam a grande dificuldade de que todos os omitentes talvez possam exonerar-se reciprocamente, e isso principalmente (mas não apenas) quando se defenda a teoria da evitabilidade: afinal, à primeira vista, cada um dos omitentes poderá alegar que a execução da conduta devida, por si só, não teria evitado o resultado com uma probabilidade próxima da certeza. Pense-se num colegiado composto por três pessoas, que decide por maioria e em que as três omitem a ação devida. Cada um poderá dizer que, mesmo se tivesse cumprido o seu dever, não teria conseguido mudar o resultado da decisão do colegiado. Existe relativo acordo a respeito da conclusão de que daí não pode derivar uma situação de "irresponsabilidade organizada".[79] Nas palavras do BGH: "é evidente que isso não pode ser correto".[80] Ainda assim, os fundamentos dogmáticos dessa conclusão não foram ainda suficientemente esclarecidos.

2. O problema no âmbito da comissão

a) Delitos comissivos dolosos: coautoria

Embora o presente trabalho trate apenas dos delitos omissivos, um relance sobre a dogmática dos delitos comissivos oferece a melhor via de acesso à problemática. As situações de delitos comissivos dolosos, em especial, parecem ser de solução relativamente fácil. No

vol. 4: Strafrecht, Strafprozeßrecht, 2000, p. 634). A jurisprudência alemã (*BGHSt* 37, p. 114), contudo, entende haver também aqui omissão, e fundamenta essa conclusão com base no obscuro critério do "centro de gravidade da censura", segundo o qual a distinção entre ação e omissão em casos de comportamentos ditos ambivalentes se faz de acordo com um juízo intuitivo a respeito de qual desses aspectos pareça preponderante (para uma crítica, v., por todos, Roxin, AT II. § 31 nm. 79 e ss.; sobre o critério da energia, § 31 nm. 78). A jurisprudência acerta na conclusão, se bem que não nos fundamentos. É evidente que uma decisão colegiada de não advertir os consumidores sobre os perigos dos produtos obviamente não pode fundamentar uma responsabilidade de acordo com os princípios do delito comissivo; doutro modo, até a decisão de não advertir dos perigos de um produto alheio seria criminosa. O que existe aqui é, provavelmente, um caso da chamada omissão por comissão na forma de uma interrupção da própria tentativa de cumprir um comando (sobre essa figura, extensamente, Roxin, in: Bockelmann [org.], *Festschrift für Karl Engisch zum 70. Geburtstag,* 1969, p. 381; idem, *AT II*, § 31 nm. 99 e ss., 198 e ss.).

79. Dentre aqueles poucos que são de outra opinião, Nettesheim, *BayVBl.* 1989, p. 165, e Samson, *StV* 1991, p. 184.

80. *BGHSt* 37, p. 132.

caso de uma decisão colegiada, que tenha por objeto a venda de um produto reconhecidamente perigoso, praticamente nada se opõe a que se admitam os dois pressupostos incontroversos de uma *coautoria*,[81] quais sejam, o pressuposto subjetivo, a chamada decisão conjunta de praticar o fato, e o pressuposto objetivo, a contribuição relevante. Na doutrina brasileira, é comum confundir coautoria com concurso de agentes, um erro que aos poucos se começa a corrigir.[82] Num modelo restritivo de autor, o qual aqui dou por correto,[83] a coautoria é uma terceira e específica forma de autoria, cuja nota própria é que ela permite uma imputação recíproca de algo que é entendido como obra comum. Presentes os pressupostos da coautoria, constrói-se algo como um fato global, que pertence a todos os envolvidos em iguais partes. Pense-se, como paralelo, em um livro escrito por dois autores, em que cada frase é atribuída aos dois, pouco importando quem a digitou.

No caso de decisão colegiada tomada por três votos a zero, no sentido de comercializar determinado produto que se sabe defeituoso e que vem a provocar lesões, não há óbice a que se afirme a coautoria.[84] Com isso, torna-se possível uma imputação recíproca de todas as contribuições individuais: como dito, na coautoria, não importa quem fez o quê, todos respondem por tudo o que fizeram os demais.

O fato de que os autores, individualmente, não tenham *nenhum poder de decisão sobre o "se e o como" do fato*,[85] não é obstáculo para a afirmação da coautoria, pois – como já é comprovado pelo conhecido grupo de casos da assim chamada coautoria aditiva (exemplo:

81. Por todos, Roxin, *AT II*, § 25 nm. 189, que exige, além disso, que a contribuição seja dada na fase de execução, o que aqui, igualmente, é de ser afirmado (v. a partir da nota 88). Cf., contudo, recentemente, Rotsch, in: Paeffgen et alii (orgs.), *Strafrechtswissenschaft als Analyse und Konstruktion, Festschrift für Ingeborg Puppe zum 70. Geburtstag*, 2011, p. 889 e ss.

82. Acertadamente, por ex., Orsini Martinelli/Schmitt de Bem, *Lições fundamentais de direito penal, Parte Geral*, 2.ª ed., 2017, p. 638 e s.; Gueiros Souza/Japiassu, *PG*, p. 367 e s.

83. Greco/Teixeira, in: Greco/Leite/Teixeira/Assis, *Autoria como domínio do fato*, 2014, p. 47 e ss.

84. BGHSt 37, p. 129. Cf. Knauer, *Kollegialentscheidung*, p. 159 e ss.; Ransiek, *Unternehmensstrafrecht*, 1996, p. 61 e ss.

85. Essa objeção é dirigida por Samson, *StV* 1991, p. 184.

pelotão de fuzilamento)[86] – não se exige que cada coautor tenha um tal poder absoluto de decisão.[87] Nenhum dos membros do pelotão de fuzilamento pode impedir o resultado, mas, ainda assim, todos são coautores da morte do fuzilado, ainda que não se saiba quem disparou os projéteis efetivamente letais.

À coautoria tampouco se pode opor o fato de que a *decisão é tomada previamente* à efetiva *violação do bem jurídico* e depende de executores concretos.[88] Por um lado, a tomada da decisão pode ser vista, na maioria dos casos, como um comportamento que fundamenta autoria, e não mera participação: numa empresa, os empregados encarregados da execução geralmente nada sabem sobre o perigo dos produtos comercializados, de modo que nesses casos se teria uma autoria mediata por intermédio de um instrumento que atua em erro de tipo.[89] Além disso, pode-se cogitar de uma autoria mediata por domínio da organização (se se aceitar a figura e sua aplicação a contextos empresariais[90]) ou de uma autoria omissiva, violadora de dever de garantidor.[91] Caso as duas citadas figuras de imputação sejam rejeitadas e o executor não se encontre em erro, a decisão poderá ser classificada como participação na ação dolosa do executor: condutas de participação, sem dúvida alguma, podem também ser realizadas em coautoria (pense-se no caso em que A e B dão uma pistola a C, que com ela comete um homicídio: A e B são cúmplices em coautoria).[92]

86. Cf. sobre essa hipótese Roxin, *AT II*, § 25 nm. 229 e ss.

87. Com precisão Roxin, *AT II*, § 25 nm. 212: o caráter relevante da contribuição de potencial coautor para o fato deve ser apreciado de uma perspectiva ex ante e não *ex post*. Contra essa objeção também Deutscher/Körner, *wistra* 1996, p. 333; Ransiek, *Unternehmensstrafrecht*, p. 61.

88. Essa objeção é formulada por Hassemer, *Produktverantwortung im modernen Strafrecht,* 1994, p. 64 e ss.; detalhadamente sobre essas questões de "imputação vertical" Knauer, *Kollegialentscheidung*, p. 49 e ss.

89. Knauer, *Kollegialentscheidung*, p. 75. Haveria, assim, uma coautoria mediata (sobre essa figura, entre nós, Gueiros Souza/Japiassu, *PG*, p. 369).

90. *BGHSt* 40, p. 237; Knauer, *Kollegialentscheidung*, p. 79; Hefendehl, *GA* 2004, p. 586; Nack, *GA* 2006, p. 342; com relação ao caso em discussão, Hoyer, in: Paeffgen et alii (orgs.), *Strafrechtswissenschaft als Analyse und Konstruktion, Festschrift für Ingeborg Puppe zum 70. Geburtstag,* 2011, p. 518. Em sentido contrário Greco/Assis, in: Greco/Leite/Teixeira/Assis, *Autoria como domínio do fato*, 2014, p. 102 e ss.

91. Roxin, *AT II*, § 25 nm. 137.

92. Assim, com as mesmas conclusões, também Bloy, *FS Maiwald*, p. 55; Knauer, *Kollegialentscheidung*, p. 80.

b) Delitos omissivos dolosos: coautoria

Um pouco mais complicada é a situação no delito omissivo doloso. Aqui, a jurisprudência alemã não procede de maneira retilínea. Primeiro, o BGH, no caso do spray para couro, qualificou de coautoria a omissão do devido recall de um produto prejudicial à saúde (*BGHSt* 37, p. 129). A coautoria seria de afirmar-se especialmente quando vários garantes só conseguem realizar juntos um dever de que foram incumbidos e, em comum, decidem não o fazer (*BGHSt* 37, p. 129). Por outro lado, o BGH fundamenta a responsabilidade de cada um dos membros do Comitê Central do Partido Único Socialista da República Democrática Alemã que se omitiram, dolosamente, de decidir contra a política de matar aqueles que queriam atravessar o muro de Berlim em direção ao ocidente, invocando – com referência à decisão do caso spray de couro[93] – a "omissão paralela" ou "omissão cumulativa" de todos (*BGHSt* 48, p. 94). Para tanto, seria necessário "levar em conta o comportamento da totalidade dos garantidores" (*BGHSt* 48, p. 94). Não haveria necessidade, porém, de uma coautoria, uma vez que, segundo o BGH, não ocorreria uma imputação recíproca nesse caso (*BGHSt* 48, p. 95).

aa) Causalidade cumulativa?

Ocupemo-nos, em primeiro lugar, desta segunda decisão: está muito pouco claro o que se quis dizer com o conceito da *omissão paralela.*[94] A referência a trechos da decisão do caso do spray para couro, que nada têm a ver com o delito doloso,[95] e a expressão omissão cumulativa insinuam que o que se tinha em mente era a conhecida figura da *causalidade cumulativa*, na qual cada uma das contribuições é causa do resultado.[96] O caso clássico de causalidade cumulativa é aquele em que A e B colocam doses de veneno no café de C, doses essas que apenas em conjunto, e não isoladamente, são letais; C falece.

93. *BGHSt* 37, p. 130 e ss. – contexto em que essas reflexões somente foram invocadas para os crimes culposos.

94. Crítico também Ranft, *JZ* 2003, p. 584: conceito "não tem conteúdo".

95. Cf. nota 93 supra.

96. *BGHSt* 37, p. 130.

O presente caso, contudo, não pode ser resolvido por meio da figura da causalidade cumulativa. Já na decisão do caso spray para couro, criticou-se que o BGH, com esse slogan, tenha mais afirmado do que fundamentado a causalidade.[97] Afinal, no caso da causalidade cumulativa, há várias condições, cada uma por si só necessária, mas que apenas quando unidas a outras são suficientes para produzir o evento. Portanto, a causalidade de cada uma das contribuições já resulta, sem mais, da fórmula da *conditio-sine-qua-non:* se fosse subtraída mentalmente a dose de veneno ministrada por A ou por B, C ainda estaria vivo. Logo, se houver um excesso de omissões, uma omissão "redundante", como aconteceu na decisão do spray para couro e também na decisão do Comitê Central do Partido Único Socialista da República Democrática Alemã referente à omissão do recall, então, realmente, nenhuma contribuição isoladamente será uma *conditio-sine-qua-non* do resultado. Afinal, aqui podia subtrair-se mentalmente a omissão de cada um dos membros dos colegiados, sem que o resultado, por isso, deixasse de ocorrer. É correta, assim, a crítica de que a fundamentação dada pelo BGH permite elevar qualquer circunstância remota ao status de causa de um resultado.[98]

bb) Causalidade alternativa?

Assim sendo, poder-se-ia pensar em recorrer não mais à figura da causalidade cumulativa, e sim à da chamada causalidade alternativa. Muitos defendem que se modifique, para esses casos de causalidade alternativa, a *conditio-sine-qua-non*:[99] se várias condições podem

97. Assim Roxin, *AT II*, § 31 nm. 65 (apesar de sua concordância com o emprego da figura nos crimes comissivos, § 11 nm. 18); também contra a causalidade cumulativa Meier, *NJW* 1992, p. 3197; Hilgendorf, *NStZ* 1994, p. 563; Deutscher/Körner, *wistra* 1996, p. 334; Knauer, *Kollegialentscheidung*, p. 94; Schaal, *Verantwortlichkeit*, p. 20, 110 e ss.; v. Weezel, *Beteiligung bei Fahrlässigkeit,* 2006, p. 131; Jäger, *FS Maiwald*, p. 360; também Beulke/Bachmann, *JuS* 1992, p. 744 e Kuhlen, *NStZ* 1990, p. 570: correta exceção da fórmula da *conditio-sine-qua-non*. Em favor da causalidade cumulativa, contudo, Weber, *BayVBl.* 1989, p. 169.

98. Puppe, *GA* 2004, p. 145.

99. Assim, no entanto, Dreher, *JuS* 2004, p. 18; Gropp, *GA* 2009, p. 269; Kühl, *Strafrecht,* Allgemeiner Teil, 6.ª ed., 2008, § 19 nm. 20b; Lackner/Kühl, *Strafgesetzbuch*, vor § 13 nm. 11; Meier, *NJW* 1992, p. 3198; Wessels/Beulke, *Strafrecht, Allgemeiner Teil,* 40.ª ed., 2010 nm. 158; e com considerável requinte Schaal, *Verantwortlichkeit*, p. 92 e ss., 97 e ss. (apenas para os crimes comissivos; nos omissivos, a modificação é rejeitada, p. 114 e ss.); talvez também Röckrath, *NStZ* 2003, p. 645 e Paredes Castañon, *El caso del la*

ser suprimidas mentalmente de forma alternativa, mas não cumulativamente, sem que desapareça o resultado, todas elas deverão ser consideradas causa.[100] O exemplo que aqui se costuma dar é o de duas pessoas que, independentemente uma da outra, ministram dose letal de veneno no café da vítima, que, depois de beber a xícara, falece. Aqui, seria possível subtrair mentalmente cada contribuição, sem que o resultado desaparecesse; tal não se afiguraria mais possível, se fossem subtraídas ambas, de maneira que seria de afirmar-se a causalidade das duas condutas para a morte da vítima.

O mesmo raciocínio é levado aos votos em casos como o de decisão tomada por três votos a zero. Os respectivos votos não poderiam ser considerados individualmente, mas sim acrescentados ou eliminados mentalmente em sua totalidade. Como o resultado desaparece, cada um desses votos poderá, segundo a fórmula modificada, ser considerado causa desse resultado. Essa modificação da fórmula da *conditio-sine-qua-non*, contudo, não é apenas totalmente *ad hoc*;[101] ela conduz também a que toda não-causa possa ser declarada causa.[102] Pense-se, apenas, na existência de uma quarta pessoa, que vota contra a comercialização do produto defeituoso. Se aplicarmos a fórmula modificada, chegaremos à surpreendente conclusão de que também essa pessoa causou o resultado. Afinal, seu voto pode ser subtraído mentalmente sem que o resultado deixe de ocorrer, mas se ele for subtraído em conjunto com os demais três votos, o resultado

colza, 1995, p. 109 e ss. Por vezes, contesta-se que aqui exista uma situação de causalidade alternativa (Nettesheim, *BayVBl.* 1989, p. 165; Beulke/Bachmann, *JuS* 1992, p. 743; Weisser, *Kausalitäts- und Täterschaftsprobleme bei der strafrechtlichen Würdigund pflichtwidriger Kollegialentscheidungen,* 1996, p. 112), o que, entretanto, não é correto: trata-se, mais precisamente, de uma combinação de causalidade cumulativa e alternativa (assim Schaal, *Verantwortlichkeit*, p. 32, 48), em que apenas o segundo componente dessa combinação é problemático.

100. Essa modificação, que remonta a Träger, *Kausalbegriff*, p. 45 e ss., pode ser encontrada, por ex., em Kühl, *AT*, § 4 nm. 19 e ss.; Wessels/Beulke, *AT*, nm. 157.

101. Dencker, *Kausalität*, p. 52; Puppe, *ZJS* 2008, p. 491; Jäger, *FS Maiwald*, p. 348; Knauer, *Kollegialentscheidung*, p. 96; Merkel, in: Paeffgen et alii (orgs.), *Strafrechtswissenschaft als Analyse und Konstruktion, Festschrift für Ingeborg Puppe zum 70. Geburtstag,* 2011, p. 155.

102. Puppe, *Nomos Kommentar*, vor § 13 nm. 92; idem, *GA* 2010, p. 554; idem, *ZJS* 2008, p. 491, n. 10; Knauer, *Kollegialentscheidung*, p. 96, que menciona votos contrários e abstenções; Rodríguez Montañés, in: Schünemann et alii (n. 23), p. 312; Merkel, *FS Puppe*, p. 155, n. 11.

desaparece. A teoria da *conditio-sine-qua-non* não comporta espaço para correções tal qual a proposta. À primeira vista, parece que a fórmula da *conditio-sine-qua-non* terá necessariamente de concluir que, havendo várias condições, cada uma suficiente por si, nenhuma delas é causa do resultado.

cc) Condição conforme a uma lei natural?

Permanece, por sua vez, impreciso o simples recurso à fórmula da condição em conformidade com uma lei natural. Segundo essa fórmula, bastante difundida na literatura alemã, também porque o direito positivo alemão, contrariamente ao que faz o nosso (art. 13, *caput*, CP), não define causalidade, causa é aquilo que está vinculado a um resultado por meio de uma lei natural que enuncia alguma regularidade.[103] Alguns autores se limitam a declarar que todos os votos favoráveis estariam numa relação de regularidade com o resultado, de modo que o teriam causado.[104] Ainda assim, fica em aberto por que essa relação de regularidade continua a existir mesmo quando se trate de uma condição que, no caso concreto, era dispensável.

dd) Solução: coautoria

Disso resulta a seguinte conclusão intermediária: caso se queira superar a problemática no plano da causalidade, então não será possível escapar da tarefa de submeter essa teoria a uma revisão.[105] Isso também torna claro porque as reflexões acima desenvolvidas sobre a imputação do resultado, com base na ideia da diminuição do risco em caso de um único omitente, não resolvem os casos de omissões paralelas:[106] o questionável, aqui, não é apenas se a execução da

103. Cf., por todos, Jescheck/Weigend, AT, p. 283, com a formulação mais elegante da teoria de que tenho notícia.

104. Em especial, Weisser, *Kollegialentscheidungen*, p. 113 e ss, 116, 119; Schünemann, *FS BGH*, p. 633.

105. Esse é o projeto dos autores que defendem a teoria da condição INUS ou da condição mínima, de que se ocupará o item c) aa), infra, não porque essas reflexões sejam irrelevantes para o delito doloso, mas porque a discussão se desenvolveu especialmente nos casos de delitos culposos e somente ali é de importância crucial.

106. Diferentemente Deutscher/Körner, *wistra* 1996, p. 333; Otto, *AT*, § 9 nm. 102, que entende que o BGH, na decisão do caso do Comitê Central, aderiu à teoria da diminuição do risco; Hoyer, *GA* 1996, p. 174.

ação devida – ou seja, o voto em favor do recall do spray para couro e, no caso do Comitê Central do Partido Único Socialista da República Democrática Alemã, "manifestações e requerimentos em favor de uma mudança do regime da fronteira"[107] – teria oferecido uma chance de salvamento, mas também se teria mudado algo na configuração concreta dos respectivos resultados de morte. Lembre-se que acima (item II. 2. D] bb] [3]) tivemos o cuidado de distinguir no delito omissivo o nexo de causalidade do nexo de diminuição do risco de lesão. A causalidade só existirá quando a prática da ação devida evitar o resultado em sua forma concreta. Apenas uma discutível doutrina de diminuição do risco substitutiva da causalidade, que desconsidere essa distinção, chegaria ao resultado desejado – e mesmo assim, talvez nem sempre.[108]

Uma saída viável, porém, é oferecida pela figura da *coautoria*,[109] portanto, a primeira tentativa de solução do BGH. A rejeição geral da figura no delito de omissão baseia-se em razões quase sectárias.[110] Também a crítica à sua admissão no caso concreto é pouco convincente. A assertiva de que não existiria uma decisão comum de praticar

107. Assim a descrição da conduta ordenada de acordo com *BGHSt* 48, p. 92.

108. Uma vez que podem ser imaginados casos em que é certo que a decisão é de tal maneira violadora do dever, que o risco alcança já o montante de 100% e não pode mais ser aumentado (além disso Ransiek, *Unternehmensstrafrecht*, p. 60; Schaal, *Verantwortlichkeit*, p. 144, 146 e ss., apesar do questionável emprego do princípio in dubio pro reo).

109. Nesse sentido, também, Hilgendorf, *Strafrechtliche Produzentenhaftung in der „Risikogesellschaft"*, 1993, p. 125 e ss.; Lampe, ZStW 106 (1994), p. 692; Deutscher/Körner, *wistra* 1996, p. 333; Ranft, *JZ* 2003, p. 584, Knauer, *Kollegialentscheidung*, p. 202 e ss.; idem, *NJW* 2003, p. 3103; Roxin, *AT II*, § 31 nm. 172 e ss.

110. Armin Kaufmann, *Die Dogmatik der Unterlassungsdelikte*, 1959, p. 189; de acordo Welzel, *AT*, p. 206: os autores, partindo do finalismo, afirmam que a omissão não seria uma ação final, de modo que não haveria dolo na omissão, e sim apenas um quase-dolo, razão pela qual seria impossível a coautoria no âmbito da omissão. Se é assim, por que não falar em uma "quase-coautoria", que teria pressupostos semelhantes e as mesmas consequências jurídicas de sua irmã gêmea? Com isso, a tese se revelaria, ao final, como meramente terminológica. Sánchez-Vera, *Pflichtdelikt und Beteiligung*, 1999, p. 158 e ss., e v. Weezel, *Beteiligung*, p. 210, entendem que os deveres (institucionais, mas não organizacionais) constitutivos da autoria omissiva seriam de natureza personalíssima (semelhante Lesch, *ZStW* 105 [1993], p. 287, que, todavia, não diferencia explicitamente as duas ordens de deveres; Bloy [n. 51], p. 57), o que é uma tese que tampouco convence (crítica acertada em Pariona, *Täterschaft und Pflichtverletzung*, 2010, p. 176 e ss.).

o fato[111] formula exigências exageradas a essa decisão até mesmo se tomarmos como parâmetro o crime comissivo, em que tampouco se exige um ajuste expresso, um "acordo rigoroso"[112] ou um "pacto de injusto".[113-114] Quais critérios ulteriores devem ser exigidos para uma coautoria no âmbito das omissões é ponto que não parece ainda completamente esclarecido, pois na maioria dos casos não há necessidade dessa figura, uma vez que a autoria colateral já os resolve.[115] No entanto, esse não é o caso no presente contexto, porque sem a imputação recíproca, ninguém poderá responsabilizado. Uma vez que o resultado continuaria a ocorrer a não ser que os outros também se decidissem no sentido da conduta devida, inexiste causalidade entre as omissões individuais e o resultado. Por fim, pode-se deixar em aberto se, com Roxin, basta para a coautoria que haja uma lesão de um mesmo dever de evitação do resultado pelos vários autores,[116] ou se é de exigir-se, além disso, que esse dever só possa ser realizado em conjunto.[117] O que em todo caso está claro é que mesmo estes pressupostos mais severos estão aqui realizados, de modo que não há porque afastar a coautoria.

111. Nettesheim, *BayVBl.* 1989, p. 165; Hassemer, *Produktverantwortung*, p. 68; Puppe, *GA* 2004, p. 144; idem, *ZIS* 2007, p. 234.

112. Expressão de Hassemer *Produktverantwortung*, p. 68 (no original: anspruchsvolle Abstimmung).

113. Assim, contudo, Puppe, *ZIS* 2007, p. 236 (no original: Unrechtspakt); não é possível, aqui, discutir essa tese.

114. De acordo com o aqui defendido Ranft, *JZ* 2003, p. 584; Knauer, *NJW* 2003, p. 3103; semelhante Frister, *AT*, § 26 nm. 6. Em geral Roxin, *AT II*, § 25 nm. 192.

115. Roxin, AT II, § 31 nm. 173. Weigend, *Leipziger Kommentar*, § 13 nm. 82 considera essa figura supérflua.

116. Roxin, *Täterschaft und Tatherrschaft*, 8.ª ed., 2006, p. 469 e ss.; idem, *AT II*, § 31 nm. 172; Schünemann, in: Laufhütte/Rissing-van Saan/Tiedemann (orgs.), *Leipziger Kommentar*, § 25 nm. 213, que, como exemplo, cita o caso do pai e da mãe que deixam, de comum acordo, seu filho desamparado.

117. Dencker, *Kausalität*, p. 172; Hoyer, in: Rudolphi (org.), *Systematischer Kommentar*, § 25 nm. 149; Rodríguez Montañés, *FS Roxin*, p. 327 (apesar da citação errônea de Roxin); semelhante Stratenwerth/Kuhlen, *AT*, § 14 nm. 18; Jescheck/Weigend, *AT*, p. 682: "verdadeiro" caso de coautoria. O BGH utiliza a modulação cuidadosa "entre outros" (*BGHSt* 37, p. 129).

c) Delitos omissivos culposos: revisão da teoria da causalidade

Nas omissões culposas, a situação torna-se um pouco mais difícil, pois, de acordo com o entendimento tradicional e ainda dominante, só existe coautoria em delitos dolosos. Recordando: coautoria não é sinônimo de concurso de agentes, e sim uma forma específica, coletiva, de realização do delito, em que o comportamento de cada qual é imputado aos demais. Por isso, podem ser distinguidos, especialmente, dois grupos de opiniões, a saber, a daqueles que não querem tocar nessa tese, e por isso, procuram uma solução principalmente no plano da causalidade (infra, aa]), e a daqueles que reveem o princípio e defendem o reconhecimento de uma coautoria em crimes culposos (infra, bb]).

aa) A teoria da condição mínima

(1) Exposição

Como se sabe, na decisão do caso do spray para couro, o BGH tentou solucionar a problemática mediante a figura da causalidade cumulativa,[118] o que não convence pelas razões acima explicitadas (item b], bb]). Caso se queira, todavia, resolver a problemática no plano da causalidade, ter-se-á de introduzir um aperfeiçoamento na teoria da causalidade. Trilham esse caminho aqueles que refinaram a chamada "fórmula da condição adequada a uma lei natural", transformando-a na fórmula da assim chamada "condição INUS" (insufficient non-redundant part of an unnecessary but sufficient condition), ou do "componente necessário de uma condição mínima suficiente".[119]

118. *BGHSt* 37, p. 130 e ss.

119. Puppe, *ZStW* 92 (1980), p. 875 e 910; idem, *ZStW* 99 (1987), p. 599; idem, *SchwZStR* 107 (1990), p. 151; idem, *JZ* 1994, p. 1149; idem, in: Schulz/Vormbaum (orgs.), *Festschrift für Günter Bemmann zum 70. Geburtstag am 15. Dezember 1997*, p. 238; idem, *FS Roxin*, p. 290, 293; idem, *ZIS* 2007, p. 240; idem, *ZJS* 2008, p. 490; idem, *Nomos Kommentar*, vor § 13 ff. nm. 102 e ss.; idem, *GA* 2010, p. 555, 569; Koriath, *Kausalität*, p. 138 e ss., 248; Kraatz, *Die fahrlässige Mittäterschaft*, 2006, p. 334 e ss.; Kindhäuser, *GA* 1982, p. 485 e ss.; idem, *Gefährdung als Straftat*, 1989, p. 87; idem, *ZStW* 120 (2008), p. 485; Osnabrügge, *Kausalität*, p. 93; Vogel, *Norm und Pflicht*, p. 148 e ss.; Sofos, *Mehrfachkausalität*, p. 109; Hilgendorf, *Jura* 1995, p. 516; Dold, *Rechtsteorie* 41 (2010), p. 109; Hoyer, *FS Puppe*, p. 519 (mas apenas para a causalidade, pois, a seu ver, o caráter não permitido do risco criado deve ser afastado, assim que estiver presente uma condição mínima suficiente para o resultado [p. 521], de modo que continua a ser necessário recorrer à coautoria para

Essa teoria, por vezes também chamada de teoria da condição mínima (Lehre von der Mindestbedindung), foi desenvolvida no direito penal principalmente por PUPPE e encontrou, no Brasil, em RONAN ROCHA seu primeiro defensor.[120]

A teoria da condição mínima parte da premissa inicial da teoria da condição adequada a uma lei natural: a causalidade é a subsunção do caso individual sob uma lei causal geral. A novidade está na tentativa de explicitar a estrutura lógica da lei causal geral. Uma lei causal deve ser vista como uma condição mínima suficiente de um resultado. Uma tal condição mínima, porém, compõe-se de um grande número de outras condições; portanto, todas elas são necessárias para essa condição mínima. Um comportamento deve ser considerado causa de um resultado quando ele puder ser subsumido sob uma dessas condições necessárias – independentemente de se há outros comportamentos para os quais isso também seja verdadeiro. Diferentemente, pois, da fórmula da *conditio-sine-qua-non*, essa teoria não procede a uma eliminação mental no plano do caso concreto, mas sim no plano abstrato da formulação da lei causal, isto é, no momento de formular a condição mínima.[121]

Aplicando-se a teoria ao caso da decisão colegiada:[122] num colégio de três membros A, B e C, que toma decisões com maioria simples, é condição mínima suficiente de qualquer decisão que dois votos sejam dados numa mesma direção. Mas se, no caso concreto, houver três votos "sim", então todos eles serão causa da decisão, pois

fundamentar a imputação do resultado [p. 522 e ss.]). Em que medida a teoria, tal como ela é defendida entre penalistas, remonta ao filósofo Mackie pode aqui ficar em aberto, cf. a respeito BINNS, *Inus-Bedingung und strafrechtlicher Kausalbegriff*, 2001, p. 69 e ss., 108 e, por fim, PUPPE, *Nomos Kommentar*, vor § 13 ff. nm. 110; IDEM, GA 2010, p. 556.

120. ROCHA, *Causalidade*, em especial p. 161.

121. Em detalhe sobre a construção da condição mínima DOLD, *Rechtstheorie* 41 (2010), p. 111.

122. PUPPE, *JR* 1992, p. 32; IDEM, *GA* 2004, p. 137; IDEM, *ZIS* 2007, p. 240; IDEM, *Nomos Kommentar*, vor § 13 ff. nm. 108, p. 122; IDEM, *GA* 2010, p. 561; IDEM, *AT*, § 30 nm. 8; de acordo KUHLEN, *JZ* 1994, p. 1146, diferentemente mais tarde, v. infra n. 124; NEUDECKER, *Die strafrechtliche Verantwortlichkeit der Mitglieder von Kollegialorganen*, 1995, p. 225; RODRÍGUEZ MONTAÑÉS, *FS Roxin*, p. 314; KRAATZ, *Mittäterschaft*, p. 340, 353; SOFOS, *Mehrfachkausalität*, p. 160; ROCHA, *Causalidade*, p. 143, 200 e s.; muito similar HILGENDORF, *NStZ* 1994, p. 565 e ss. Minha exposição, por motivos estilísticos, será concentrada em situações comissivas, embora seja evidente que, em caso de omissão, deva ela ser lida sob uma *duplex negatio*.

tanto os fatos A+B quanto igualmente A+C e B+C podem ser subsumidos à condição mínima "dois votos sim".

(2) Discussão

(a) Objeções incorretas (1): discussão doutrinária

Essa construção impressiona. Muitas das objeções dirigidas à teoria – quando ela sequer é levada em conta – tampouco são convincentes.[123] Não é correto, por exemplo, objetar à teoria da condição mínima que ela careceria de um fundamento normativo,[124] pois um dos argumentos centrais de PUPPE em favor da teoria é a necessidade de evitar uma exoneração recíproca de responsabilidade.[125] Esse argumento reflete uma consideração nitidamente normativa. Tampouco se pode formular a objeção inversa, a saber, a de que a teoria seria uma inadmissível normativização do conceito de causa, o qual deveria permanecer avalorado, reservando-se todas as considerações normativas ao plano da teoria da imputação.[126] Apesar do fato de que essa separação seja, fundamentalmente, correta, não se pode negar que uma teoria de causalidade aplicável no Direito Penal deve orientar-se no sentido de responder às questões específicas que se colocam nessa área do direito. Nesse sentido, toda teoria jurídico-penal da causalidade será necessariamente normativa.[127] Em especial, está errada a afirmação de que a teoria não se diferenciaria da tradicional fórmula *conditio-sine-qua-non*,[128] e isto devido a duas razões, já mencionadas acima. Primeiramente, a fórmula da *conditio-sine-qua-non* não pressupõe nenhuma lei causal geral, mas, pelo contrário, serve para que se possa afirmar relações de causalidade também quando não dispu-

123. Ver as réplicas e esclarecimentos em PUPPE, *GA* 2004, p. 139.

124. Assim KUHLEN, in: ROXIN/WIDMAIER (orgs.), *50 Jahre Bundesgerichtshof, Festgabe aus der Wissenschaft, vol. 4: Strafrecht, Strafprozeßrecht*, 2000, p. 669; semelhante BINNS, *Inus-Bedingung*, p. 111 e ss.

125. Por exemplo PUPPE, *FS Bemmann*, p. 238.

126. Aproximadamente OTTO, *Jura* 2001, p. 276.

127. JAKOBS, *FS Miyazawa*, p. 421; FRISCH, in: ERB/DÖLLING (orgs.), *Festschrift für Karl Heinz Gössel zum 70. Geburtstag am 16. Oktober 2002*, 2002, p. 57 e ss.; HILGENDORF, *Produzentenhaftung*, p. 36. Também é uma decisão normativa separar causalidade e imputação, decisão essa que recentemente foi contestada por HAAS, *Kausalität und Rechtsverletzung*, 2002, p. 185 e ss., 280 e ss.

128. SAMSON, in: ROGALL et alii (orgs.), *Festschrift für Hans-Joachim Rudolphi zum 70. Geburtstag*, 2004, p. 266.

sermos de tais leis. Em segundo lugar, a eliminação mental, no caso da teoria da condição mínima, ocorre no plano da lei causal geral, e não no do caso concreto, como é o caso da fórmula da *conditio-sine-qua-non*.[129]

(b) Objeções incorretas (2): a versão alemã do presente estudo

Na primeira versão do presente trabalho, após refutar essas objeções dirigidas à teoria da condição mínima, hesitei em filiar-me a ela. Pelo contrário, sugeri que resistíssemos à força de atração da teoria da condição mínima por três razões, duas de natureza dogmática, outra de natureza pragmática. Exporei essas razões e demonstrarei por que elas não são convincentes. A verdadeira dificuldade encontra-se num quarto aspecto, que não tive por que discutir no estudo original, a saber: se a teoria se compatibiliza com o direito positivo brasileiro, que conhece uma definição legal de causalidade (art. 13, *caput*, CP).

(α) Causalidade sem subsunção sob lei geral?

No plano dogmático, coloquei, primeiramente, em dúvida se toda constatação de causalidade pressupõe necessariamente a subsunção sob uma lei causal geral.[130] Argumentei que afirmamos,

129. Isso reconhece também Samson, *FS Rudolphi*, p. 265 e ss., que pensa, contudo, que a resposta à questão no plano do caso concreto pressupõe sempre a resposta à questão no plano geral. Isso não é necessariamente errado; porém, por duas razões, a afirmação não conduz à identidade entre as fórmulas. Primeiramente, isso ainda não é suficiente para uma sinonímia, pois a inversão não é verdadeira (crítica, também, Puppe, *Nomos Kommentar*, vor § 13 ff. nm. 109a). Em segundo lugar, a fórmula da *conditio-sine-qua-non*, como dito, dispensa leis gerais.

130. Frisch, *Tatbestandsmäßiges Verhalten* p. 522 e ss; idem, *FS Gössel*, p. 65 e ss.; idem, in: Böse et alii (orgs.), *Gerechte Strafe und legitimes Strafrecht, Festschrift für Manfred Maiwald zum 75. Geburtstag*, 2010, p. 253 e ss.; Toepel, *Kausalität*, p. 54 e ss.; Lampe, in: Dornseifer et alii (orgs.), *Gedächtnisschrift für Armin Kaufmann*, 1989, p. 190, n. 3; Knauer, *Kollegialentscheidung*, p. 104 e ss.; Schaal, *Verantwortlichkeit*, (n. 11), p. 63 e ss.; 86 e ss.; Bung, *Wissen und Wollen im Strafrecht*, 2009, p. 82 e ss.; Jäger, *FS Maiwald*, p. 358 e ss. (apesar da infeliz denominação "teoria da condição necessária" – que, ao cabo, não passa de uma tradução do termo latino teoria *conditio-sine-qua-non*, teoria essa que, contudo, é por ele recusada); diferentemente, Frister, *AT*, § 9 nm. 7 e ss. Contra isso Puppe, *GA* 2010, p. 570; idem, *Nomos Kommentar*, vor § 13 ff. nm. 109 (126, "ilusão"); idem, *JR* 1992, p. 34, n. 24: "falsa na teoria" e "perigosa na prática". Quem, por causa do chamado problema da indução, quer renunciar a leis causais (Haas, *Kausalität*, p. 175 e ss.), está

em muitas áreas, a existência de relações de causalidade, ainda que não conheçamos nenhuma lei natural. O exemplo mais claro disso seria a assim chamada causalidade psíquica: se A desse a B mil reais para que cometesse um homicídio, diríamos que A causou a decisão de B, ainda que não exista uma lei geral de teor "quando alguém oferece mil reais para que outro cometa um delito, isso ocorre". Concluí, com ROXIN, que deveria ser reconhecida a possibilidade de nexos de causalidade independentes de leis naturais gerais.[131]

Hoje tenho sérias dúvidas a respeito do acerto da objeção formulada. Por faltarem-me tanto o espaço quanto a competência, não tenho como adentrar nas profundezas do debate filosófico em que, a rigor, acabamos de nos imiscuir no momento em que perguntamos se a causalidade tem ou não de pressupor uma lei geral.[132] Limitar-me-ei, assim, a um paralelo, que foi tornando-se para mim tanto mais evidente quanto mais eu pude refletir sobre o que significa aduzir uma razão em favor de algo.[133] Porque a relação entre a causa e o resultado parece, de alguma maneira, bastante similar à relação entre razão e conclusão. Uma razão é necessariamente algo cujo alcance vai além da situação concreta que se está examinando, para a qual se deseja derivar alguma conclusão. Se pergunto: por que é errado maltratar meu cão?, e obtenho como resposta: porque ele sofre, essa resposta vai necessariamente além do caso concreto em que maltrato meu cão. Implícito nela está a afirmativa geral de que fazer um cão (ou

dando excessiva importância a uma preocupação meramente filosófica (semelhante PUPPE, *GA* 2010, p. 563 e SARRABAYROUSE, *Responsabilidad*, p. 261, 276).

131. ROXIN, *FS Achenbach*, p. 416. Roxin desenvolve esse ponto de vista, entretanto, apenas com base no problema da causalidade psíquica.

132. Ainda assim, tentei ser cauteloso, afirmando que não estava tomando posição quanto a se a causalidade, em sua estrutura real, seria composta por regularidades ou leis, isto é, não me manifestando sobre a *ontologia da causalidade*. Insisti em que defendia apenas a tese meramente *epistêmica* segundo a qual não seriam necessárias regularidades ou leis a fim de reconhecer se entre dois eventos há uma conexão causal – uma tese que também pode ser aceita por aqueles que defendem a tese ontológica do nexo causal como nexo segundo uma lei natural (exemplo célebre: DAVIDSON, *Journal of Philosophy* 64 [1967], p. 701 e ss.). Hoje me parece que nem mesmo essa tese epistêmica é aceitável: como é possível explicar uma morte alegando circunstâncias que não transcendem o caso concreto? Qualquer explicação parece que necessariamente terá essa transcendência, cf. a continuação do texto.

133. Cf. GRECO, Strafprozesstheorie und materielle Rechtskraft, 2015, p. 45 e ss., com ulteriores referências.

um animal?) sofrer é, em princípio, algo errado. Qualquer resposta alternativa, por mais concreta e individualizada que seja – "porque seu cão foi criado para depender de você para tudo", "porque ele o ama acima de tudo" – sempre conterá essa pretensão implícita de ir além do caso concreto. Isso se enxerga claramente quando a resposta deixar de ser minimamente convincente: por exemplo, se alguém me dissesse que não posso maltratar meu cão porque ele é lindo. De imediato se imporia uma objeção: será permitido maltratar os feios?

Parece-me que, de forma análoga, toda causa de um resultado concreto e individual acaba, implicitamente, por pressupor que causas dessa classe provoquem resultados daquela classe, isto é, alguma generalização. Em que termos se dará essa generalização, se conseguiremos ou não enunciar todos os pressupostos – isto é, os precisos termos da condição suficiente – é outro problema. Não enxergo, entretanto, como é possível explicar um resultado, isto é, fundamentar a sua ocorrência, aduzir as razões que o condicionam, sem pressupor generalizações que são intrínsecas à própria ideia de que algo constitua uma razão.

(β) Dificuldades com a causalidade ultrapassante?

Argumentei, como segunda objeção dogmática, que uma teoria que compreende a causalidade como subsunção sob uma lei natural teria problemas com um grupo de casos aparentemente não problemático, a saber, o da assim chamada "causalidade ultrapassante" (überholende Kausalität), em outras palavras, com a eliminação de causas hipotéticas ou de "reserva".[134] O exemplo clássico da causalidade ultrapassante parece ser facilmente resolvido pela *conditio-sine-qua-non:* A dá veneno a B, o qual, porém, é logo a seguir atropelado (ou atingido por um raio). Aqui, A não causou a morte de B, porque

134. Semelhante, talvez, Toepel, *Kausalität*, p. 58; idem, *JuS* 1994, p. 1012; idem, *FS Puppe*, p. 296 e ss., 300 e ss.; Erb, *JuS* 1994, p. 451; L. Schulz, in: Lübbe (org.), *Kausalität und Zurechnung,* 1994, p. 58 e ss.; Schaal, *Verantwortlichkeit*, p. 63 e ss.; recentemente, Merkel, *FS Puppe*, p. 160, com uma referência a um complemento necessário das leis naturais mediante as numerosas cláusulas *ceteris paribus*; e já Androulakis, *Studien*, p. 86 e ss. Do ponto de vista da teoria da ciência, Cartwright, in: Klemke et alii (orgs.). *Introductory readings in the Philosophy of Science,* 1998, p. 233 e ss.; Moore, *Causation*, p. 475 e ss.

seria possível subtrair mentalmente o veneno, sem que o resultado deixasse de ocorrer.

Meu argumento procedia da seguinte maneira: suponha-se que A injeta em B 400 miligramas de estricnina, B morre. Nos livros de medicina, pode-se obter a lei causal aqui aplicável: a dose letal da estricnina é de 50 a 300 miligramas.[135] A subsunção não oferece qualquer dificuldade: segundo a teoria da condição conforme a uma lei natural, o comportamento de A é a causa da morte de B. No entanto, imagine-se que B, poucos segundos depois de ingerir o veneno, é atropelado e tem o seu cérebro esmagado. Sem dúvida, a injeção de veneno, neste caso, é um curso causal ultrapassado e a morte por envenenamento é apenas um curso causal hipotético "reserva", que não se realizou. Contudo, a circunstância de que B foi atropelado nada muda na subsunção que acabamos de fazer. A fim de evitar que se acabe, erroneamente, por afirmar a causalidade, tem-se de modificar a lei causal, à qual têm de ser acrescidas outras condições necessárias. Aqui, poder-se-ia pensar no acréscimo "depois de x minutos". Pode haver, porém, um caso concreto em que o resultado, apesar da realização dessa condição adicional, ocorra devido a uma outra causa interveniente, o que exigirá uma nova complementação – e assim por diante.

Observei, em seguida, que Puppe não deixou de notar essa dificuldade. A autora procede, por isso, da maneira como acabamos de descrever, ou, para expressá-lo em sua terminologia, ela afirma: leis causais são "leis de efeito próximo" (Nahwirkungsgesetze); dever-se-ia perguntar "por meio de que acontecimentos adjacentes no tempo e no espaço causa e resultado estão ligados um ao outro".[136] Nesse momento, afirmei algo que hoje reconheço como erro. Afirmei que, ao especificar a cadeia de acontecimentos adjacentes, a teoria se tornaria quase redundante – uma "descrição ligeiramente incompleta do caso concreto", como diz Dencker,[137] e que a subsunção sob uma lei natural, nesses casos, seria meramente aparente. Na verdade, já

135. Cf. Ludewig/Regenthal, *Akute Vergiftungen und Arzneimittelüberdosierungen*, 10.ª ed., 2007, p. 560.

136. Puppe, *ZStW* 92 (1980), p. 888, citação na p. 889; idem, *ZStW* 95 (1983), p. 310; idem, *ZStW* 99 (1987), p. 610.

137. Dencker, *Kausalität*, p. 113. Crítica a essa solução também em L. Schulz, in: Lübbe, p. 59, n. 65 e em Toepel, *Kausalität*, p. 296 e ss, o qual também acentua que a

se teria de saber de antemão se algo foi ou não causa do resultado – caso contrário ter-se-ia ficado, desde o início, com o curso causal "ultrapassado" ou "reserva" – e este conhecimento, em verdade, teria sido obtido por uma utilização não admitida da fórmula da *conditio-sine-qua-non.* Apoiei-me nessa consideração para sublinhar a desnecessidade de recorrer a generalizações para afirmar a causalidade em um caso concreto.

Hoje percebo o erro de meu raciocínio. Não vislumbro como é possível passar de um fato concreto a outro fato concreto que o sucede sem pressupor, ao menos implicitamente, generalizações. Cada uma das complementações acima mencionadas, que se acrescente à condição suficiente, terá necessariamente de transcender ao caso concreto. Se mencionássemos aspectos inerentes exclusivamente à individualidade do caso, por exemplo, a grafia do nome ou o signo da vítima que morreu envenenada, esses aspectos já são prontamente vistos como irrelevantes. O aspecto que mencionei, não por acaso, foi um intervalo de tempo, que era necessário para que o veneno atue, e isso não apenas no caso individual em questão, mas de forma generalizada. Outros complementos teriam de satisfazer essa mesma exigência de generalização.

Não é, assim, verdade que a condição suficiente devidamente explicitada será sinônima ou uma redescrição do caso concreto. Sob pena de conter informações irrelevantes, ela sempre tem de ir além dele, e, ao fazê-lo, já generaliza em alguma medida.

(γ) Dificuldade da própria teoria da condição mínima

A minha terceira consideração contra a teoria da condição mínima foi de natureza *pragmática.* Essa teoria, afirmei, seria tão elegante quanto difícil de compreender e aplicar.[138] Para evitar mal-entendidos: a dificuldade de uma tese não é, obviamente, uma objeção contra ela. Porém, se existirem alternativas mais simples, capazes de chegar ao mesmo resultado e que, além disso, oferecem outras vantagens, então não se poderia mais afirmar que a rejeição

invocação de uma lei de efeito próximo seria incompatível com um modelo de subsunção a leis gerais.

138. Isso poderia explicar parcialmente porque ela não é tratada adequadamente na discussão.

da teoria mais difícil seja mera "comodidade".[139] A alternativa, aqui, poderia ser a ideia da coautoria culposa. Esta figura solucionaria, igualmente, o problema da isenção recíproca de responsabilidade, já que ela permite uma imputação recíproca. Além disso, ela teria a importante vantagem do conservadorismo: o conceito de causalidade é, como já dito (supra, II. 2. c] cc]), de tal maneira fundamental que só deve ser modificado se isso for absolutamente necessário. Afirmei, assim: se PUPPE já advertiria sobre possíveis efeitos colaterais do reconhecimento de uma coautoria culposa,[140] quanto maiores não seriam os perigos caso se altere o conceito de causa? Portanto, dever-se-ia manter a fórmula da *conditio-sine-qua-non*, não apenas frente à teoria da condição mínima, mas também frente à teoria da condição adequada a uma lei natural, uma vez que também esta compreende a causalidade como subsunção sob uma lei causal geral.[141]

A verdade é que a teoria da condição mínima não é tão difícil quanto parece. Depois de explicá-la em lugares tão diversos quanto a Alemanha, o Brasil ou Taiwan, pude convencer-me de que, presente

139. Assim, no entanto, PUPPE, *GA* 2004, p. 142.

140. PUPPE, *GA* 2004, p. 146.

141. Afirmei, ainda, que não seria convincente a difundida objeção de que a fórmula da *conditio* se basearia em um círculo vicioso, uma vez que já se deveria saber se existe a causalidade, a fim de concluir que falta o resultado após a eliminação mental de um fator (aproximadamente JESCHECK/WEIGEND, *AT*, p. 281; JAKOBS, *AT*, 7/9 ss.; críticas a essa objeção também em MERKEL, *FS Puppe*, p. 155, n. 11), pois nenhuma fórmula de causalidade dispensaria dados empíricos do caso concreto. Disse que também diante desse problema a fórmula da *conditio* se mostraria superior quando comparada com aquelas fórmulas que subsumem sob a uma lei geral, pois ela deixaria claro que esses dados empíricos, na maioria das vezes (quando não sempre, v. o caso do protetor de madeira, *BGHSt* 41, 206) dizem respeito ao fato concreto e não à lei geral – cometi, aqui, o erro apontado, de supor que dados relativos ao caso concreto podem ser privados de qualquer transcendência para além do caso. Tenho dúvidas sobre a relevância das ulteriores objeções de MERKEL, *FS Puppe*, p. 157 e ss., de que haveria relações que evidentemente não são causas, mas que, apesar disso, são *conditiones sine quibus non* de determinado evento ou fato – por ex., "se ontem não tivesse sido sexta, então hoje não seria sábado". Como esses contra-exemplos atingem também a teoria da condição conforme a uma lei natural (p. 161 e ss.) e, portanto, a teoria aqui defendida, que é apenas uma precisão dessa outra, e o regresso a uma compreensão da causalidade como causa *efficiens* acaba por ter de lidar com outras dificuldades (p. 166), a verdade é que não vejo alternativa superior à teoria da condição mínima. O abandono da teoria da condição mínima somente seria justificado se dispuséssemos de outra teoria melhor nesse tocante, e que não nos forçasse a comprar as vantagens com outras desvantagens (cf. sobre esse critério de seleção entre teorias científicas concorrentes LAKATOS, in: LAKATOS/MUSGRAVE [orgs.], *Criticism and the Growth of Knowledge*, 1970, p. 116 e ss.).

a boa vontade, não há empecilhos para que se entenda e mesmo se aplique a teoria. É claro que, em casos claros, como o de alguém que decapita seu inimigo com um machado, parece mais fácil recorrer à tradicional fórmula da *conditio-sine-qua-non* e afirmar que, sem a machadada, a cabeça ainda estaria conectada ao corpo, de modo que o dono dos dois estaria vivo. Ocorre que também esse uso da fórmula da *conditio-sine-qua-non*, em verdade, pressupõe, ainda que de forma implícita e, portanto, não evidente, generalizações, entre as quais a de que uma conexão entre cabeça e corpo é necessária para que um ser humano continue a viver. E, por fim, a máxima pragmática de que não compliquemos, salvo necessário, deixa em aberto quando a complicação é necessária; parece-me que, aqui, ela é inescapável. O simples é bem-vindo, desde que correto; simplificações incorretas não são um ganho real.[142]

(δ) Dificuldades relativas ao direito positivo brasileiro

Por fim, há uma relevante consideração oriunda do direito positivo brasileiro, que, ao menos à primeira vista, opõe um obstáculo a qualquer tentativa de superar a teoria da *conditio-sine-qua-non*. A própria letra do art. 13, *caput*, 2ª frase, CP, parece comprometer-nos com a teoria, uma vez que o CP define como "causa" a "ação ou omissão sem a qual o resultado não teria ocorrido". Isso não significa que seja de antemão impossível compatibilizar a teoria da condição mínima com o direito brasileiro, mas, decididamente, que isso seria uma tarefa ao menos um tanto difícil, cujo êxito parece pouco seguro. O próprio Ronan Rocha, que defende em sua já citada monografia de forma pioneira no Brasil a teoria da condição mínima, resigna-se a que a teoria só teria relevância *de lege ferenda*.[143]

Talvez Rocha tenha sido demasiado tímido. Avançarei um argumento que, creio, nos permitiria recepcionar a teoria da condição mínima já *de lege lata,* ainda que o vigente CP, à primeira vista, acolha a teoria da *conditio-sine-qua-non.* O argumento partiria do que acabo de desenvolver, a respeito da necessidade lógica de que toda aplicação da *conditio-sine-qua-non* transcenda ao caso concreto e postule generalizações ("leis naturais"). Não há como saber se,

142. Contra minha antiga crítica, acertadamente, Rocha, *Causalidade*, p. 139 e s.

143. Rocha, *Causalidade*, p. 162 e ss.

subtraindo mentalmente A, B desapareceria, a não ser que já se disponha de uma lei geral conectando eventos da classe de A com eventos da classe de B. Dessa forma, o CP não pode ter ordenado que nos valhamos da teoria da *conditio-sine-qua-non*, pelo simples fato de que ele não pode ordenar que façamos algo logicamente impossível. O CP tampouco pode ordenar que somemos 2 e 2 e obtenhamos 5. Ele pode, no máximo, exigir que nós nos valhamos da terminologia da *conditio-sine-qua-non* e que, no momento de resolver problemas de causalidade, façamos referência nominal à teoria. Nos casos fáceis, isso já bastará para que cheguemos a soluções adequadas. O que não podemos ignorar é que, mesmo nesses casos, a *conditio-sine-qua-non* opera, implicitamente, como uma abreviatura de uma mais longa e implícita subsunção do caso concreto sob os enunciados de uma lei natural.[144]

O problema se reduz, assim, às raras hipóteses em que a abreviatura abrevia mal, em que fazendo menção à *conditio-sine-qua-non* chegaríamos a resultados evidentemente errôneos, como no caso da causalidade alternativa (acima mencionado, b] bb]) ou na situação de votos redundantes. Aqui, temos duas alternativas. A primeira é de insistir em um princípio da legalidade (art. 5.º, XXXIX, CF) um tanto estrito e derivar daí que, se consideramos algo causa ainda que sem ela o resultado tivesse ocorrido, estamos violando a letra do art. 13, *caput*, 2ª frase, CP e com isso o princípio constitucional da legalidade e sua proibição de analogia. A solução em si correta seria legalmente vedada; teríamos de esperar uma reforma do CP para acolhê-la.[145]

A outra saída, que considero preferível, é a de que há um espaço na letra do dispositivo para acomodar a solução correta. Essa saída estaria em considerar as palavras "ação ou omissão" como abrangentes não apenas do comportamento individual do agente, isto é, no caso de decisões colegiadas, de seu voto, e sim da totalidade dos votos. A totalidade dos votos representa uma "ação ou omissão". Isso não significa um retorno à teoria da *conditio-sine-qua-non* modificada, que acima criticamos (2. b] bb]), e sim o esclarecimento de que essa modificação não seria vedada pela letra do dispositivo legal. Uma vez que nos movemos dentro dos limites da letra da lei, dentro

144. ROXIN/GRECO, *AT I*, § 11 nm. 15c.

145. Nesse sentido, propõe ROCHA, *Causalidade*, p. 162 e ss. que se renuncie a uma definição de causalidade no CP.

de seu "sentido literal possível", não violamos o princípio constitucional da legalidade na sua vertente de proibição de analogia.

Há, assim, algum espaço, mesmo diante do direito positivo brasileiro, para sustentar a ideia da causalidade como condição mínima. Em razão disso, o caso de delito omissivo culposo se resolve de forma simples: os votos dados ou omitidos causam o resultado, na medida em que são componentes necessários de alguma das várias condições suficientes da produção deste.

bb) Alternativa: coautoria culposa?

Não tenho certeza de ter logrado convencer o leitor da existência de um espaço, em nossa lei positiva, para que se recepcione a teoria da causalidade como condição mínima. Concedo que meu manejo do sentido literal possível foi um tanto criativo, talvez demasiado criativo, e que seria mais confortável se houvesse outra maneira de escapar à conclusão da exoneração recíproca por falta de causalidade. Na primeira versão desse estudo, em que não sustentei a teoria da condição mínima, e sim a fórmula da *conditio-sine-qua-non,* segui por essas vias. Propus, então, que se reconhecesse a figura de uma coautoria culposa, a qual, por via da imputação recíproca, tornaria os problemas de causalidade tão obsoletos no plano do delito culposo como vimos eles serem no delito doloso (supra, 2. b] dd]). Hoje percebo que esse caminho não é, contudo, viável. Exporei minhas considerações de então e as criticarei.

Como dito, se for possível defender a coautoria culposa, escaparemos tanto das supostas dificuldades intrínsecas à teoria da condição mínima, como do real problema de tentar compatibilizá-la com a letra do CP. Afirmei essa possibilidade, lembrando encontrar-me acompanhado de crescente opinião doutrinária,[146] que, inclusive, já encontra defensores no Brasil, como Humberto Souza Santos.[147]

146. Além dos já citados, ainda: Bloy, *GA* 2000, p. 395; Feijoo Sánchez, *Derecho penal de la empresa e imputación objetiva,* 2007, p. 233 e ss.; Frister, *AT,* § 26 nm. 4 e ss.; Häring, *Die Mittäterschaft beim Fahrlässigkeitsdelikt,* 2005, p. 202 e ss.; Köhler, *AT,* p. 540; Kuhlen, *FS BGH*, p. 670; Lampe, *ZStW* 106 (1994), p. 734, n. 160; Renzikowski, in: Dannecker et alii (orgs.), *Festschrift für Harro Otto zum 70. Geburtstag am 1. April 2007*, 2007, p. 439; Roxin, *AT II*, § 25 nm. 242 (Roxin, *Täterschaft*, p. 974 e ss., ainda tentou uma solução no plano da causalidade); Schünemann, *Leipziger Kommentar*, § 25 nm. 216; afirmação comedida de Hilgendorf, *NStZ* 1994, p. 563. Rotsch, *FS Puppe*, p.

(a) Objeções incorretas[147]

De fato – o que continuo a considerar correto – as objeções dogmáticas à figura da coautoria culposa não são convincentes.

A afirmação de que, no caso da coautoria culposa, faltaria uma *decisão comum de praticar o fato*,[148] só tem alguma relevância se se supuser que a coautoria culposa deve depender dos exatos pressupostos da coautoria do delito doloso – uma suposição que não é, de modo algum, fundamentada.[149]

Da mesma maneira, é insuficiente a objeção de Puppe de que a coautoria negligente conteria um círculo vicioso, uma vez que essa *figura já pressuporia a causalidade* e, por isso, não poderia fundamentá-la.[150] Pelo contrário, a coautoria consiste justamente em que cada um se limita a dar a sua contribuição para o fato e, nesse sentido, a ser causa de um empreendimento comum. A contribuição não tem,

903, considera a coautoria culposa uma "possibilidade construtiva", mas incompatível com a teoria do domínio do fato.

147. Souza Santos, *Co-autoria em crime culposo e imputação objetiva*, 2004, p. 109 e ss.

148. Por ex. Bottke, *GA* 2001, p. 474; Heine, in: Schönke/Schröder, vor § 25 nm. 116; Vassilaki, in: Amelung et alii (orgs.), *Strafrecht – Biorecht – Rechtsphilosophie, Festschrift für Hans-Ludwig Schreiber zum 70. Geburtstag am 10. Mai 2003,* 2005, p. 503 e ss.; Puppe, *ZIS* 2007, p. 241 com um conceito rigoroso de plano de fato (p. 236); também Gropp, *GA* 2009, p. 272 e ss.; que se esforça contra uma coautoria culposa, sobretudo, com o argumento da literalidade do § 25 Abs. 2 do StGB. De forma diferenciada: Rotsch, *FS Puppe*, p. 902 e ss.

149. Otto, in: Seebode (org.), *Festschrift für Günter Spendel zum 70. Geburtstag am 11. Juli 1992,* 1992, p. 281; Otto, *AT*, § 9 nm. 115; do mesmo modo, Brammsen, *Jura* 1991, p. 537; Weisser, *JZ* 1998, p. 232; Gutiérrez, *La responsabilidad penal del coautor,* 2001, p. 213; Knauer, *Kollegialentscheidung*, p. 182 e ss.; Riedo/Chvojka, *SchwZStR* 120 (2002), p. 157 e ss.; Renzikowski, *FS Otto*, p. 432; Roxin, *AT II*, § 25 nm. 242; Schünemann, *Leipziger Kommentar*, § 25 nm. 217.

150. Puppe, *JR* 1992, p. 32; idem, *GA* 2004, p. 131, 136 e ss.; idem, *ZIS* 2007, p. 240; idem, *Nomos Kommentar*, vor § 13 e ss. nm. 122; também Samson, StV 1991, p. 184; Hoyer, *GA* 1996, p. 173; Sofos, *Mehrfachkausalität*, p. 157; e Becker, *Das gemeinschaftliche Begehen und die sogenannte additive Mittäterschaft,* 2009, p. 181 e ss., que aceita uma coautoria culposa sem, contudo, abrir mão da causação do resultado mediante contribuição de cada coautor.

contudo, que ser causa do resultado final,[151] e isso não apenas na assim chamada coautoria aditiva.[152]

(b) A objeção insuperável: falta de um verdadeiro fundamento para uma imputação recíproca

O verdadeiro desafio, contudo, é o de oferecer uma fundamentação ético-jurídica para o instituto da coautoria culposa e para a imputação recíproca que ela fundamenta.[153] Obviamente, essa fundamentação não poderá limitar-se a alegar que essa imputação recíproca seria útil, porque contornaria lacunas de punibilidade; ao contrário, é necessário indicar uma razão que permita justificar essa severa consequência jurídica diante daquele a quem são imputados comportamentos alheios.

Alguns autores afirmam que o fundamento da imputação recíproca seria o *incremento do risco*.[154] O atuar conjunto incrementaria riscos, de maneira que seria adequado responder com maior responsabilização. Isso é, contudo, manifestamente insuficiente, porque somente tem em vista aquilo que nós ganhamos mediante uma punição, a saber, proteção contra perigo. Fica-se devendo a justificação da pena diante do autor. Semelhante objeção pode ser dirigida a HOYER, para quem o fundamento da imputação recíproca estaria no fato de que o compromisso recíproco dos coautores diminui as

151. BEULKE/BACHMANN, *JuS* 1992, p. 743; HILGENDORF, *NStZ* 1994, p. 563; HOYER, *FS Puppe*, p. 524 e ss.; em detalhe RENZIKOWSKI, *FS Otto*, p. 426 e ss.; HÄRING, *Mittäterschaft*, p. 140 e ss., 277 e ss., JAKOBS, *FS Herzberg*, p. 405 e, especialmente, KNAUER, *Kollegialentscheidung*, p. 142 e ss., 158 e ss. e 168.

152. Assim, porém, PUPPE, *GA* 2004, p. 131, 136: "exceção"; IDEM, *ZIS* 2007, p. 240. Consequente, no entanto, BECKER, *Begehen*, p. 167, que, para a coautoria, exige a causalidade de cada contribuição individual e, por isso, recusa a chamada coautoria aditiva. Pode-se pensar, além disso, em grupos de casos de coautoria em delitos de dois atos, nos quais (por exemplo, no caso de um roubo) aqueles que realizam a subtração não mais podem ser causa de atos de ameaça ou violência de seus comparsas, próximo RENZIKOWSKI, *FS Otto*, p. 427 e ss.; contra isso, entretanto, a crítica de ROTSCH, *FS Puppe*, p. 894.

153. Esse desafio especialmente em PUPPE, *GA* 2004, p. 129 ("cada qual fracassa por si só"), 132; ademais MURMANN, in: SSW-StGB, § 25 nm. 34.

154. DENCKER, *Kausalität*, p. 224 e ss.; KAMM, *Die fahrlässige Mittäterschaft*, 1999, p. 179 e ss., 188; KNAUER, *Kollegialentscheidung*, p. 195 e ROSO CAÑADILLAS, *Autoría y participación imprudente*, 2002, p. 565

inibições psíquicas de comportamentos ilícitos.[155] Isso explica porque nos convém imputar tudo a todos, e não porque estamos legitimados a fazê-lo diante do autor.

A ideia da *representação recíproca*, invocada por Ransiek, não pode conduzir a uma imputação de consequências não queridas, ao contrário do que sustenta o autor.[156] Além disso, ela é em si mesmo duvidosa, uma vez que parece compreender o delito como um negócio jurídico. Esse juscivilismo é de todo inadequado para um ramo direito cujas consequências jurídicas atingem o ser humano naquilo que ele tem de mais seu, em direitos como a sua liberdade de locomoção: uma pena personalíssima só pode ser imposta por erro cometido pela própria pessoa a ser apenada,[157] e não por um erro cometido por terceiro investido de mandato pelo autor.

No meu estudo original, acreditei ter encontrado o fundamento que buscava. A imputação recíproca nada mais seria do que o preço que deveria ser pago pela ampliação exponencial, obtida pela divisão de trabalho e coordenação, das próprias possibilidades de comportamento. Quem atua em conjunto com outras pessoas amplia exponencialmente a própria liberdade, pode realizar muito mais do que poderia se agisse sozinho. Isso fundamentaria sua maior responsabilidade, como o outro lado da moeda dessa maior liberdade. Ou seja, ter-se-ia aqui mais uma manifestação do princípio geral do direito de que há – para usar uma expressão de Jakobs[158] – um *sinalagma entre liberdade de ação e responsabilidade pelas consequências.*[159]

Daí derivei considerações, ainda que tímidas, para os *critérios* de uma coautoria culposa, sobre os quais ainda não existe um consenso, pois a doutrina só recentemente começou a estudar mais

155. Hoyer, FS Puppe, p. 528.

156. Ransiek, *Unternehmensstrafrecht*, p. 70. Coerente, assim Kindhäuser, que, como principal defensor dessa fundamentação da coautoria, in: Bohnert et alii (orgs.), *Verfassung – Philosophie – Kirche Festschrift für Alexander Hollerbach zum 70. Geburtstag,* 2001, p. 645, recusa uma coautoria culposa (cf. Kindhäuser, *Strafrecht, Allgemeiner Teil,* 4.ª ed., 2009, § 38 nm. 55, n. 64, também sem fundamentação expressa).

157. Greco, *Strafprozesstheorie*, p. 657 e ss.; idem, *GA* 2015, p. 513 e s.

158. Jakobs, *Die strafrechtliche Zurechnung von Tun und Unterlassen,* 1996, p. 21.

159. Semelhante ao presente ponto de vista, Sánchez Lázaro, *ADPCP,* 58, 2005, p. 452.

detidamente essa figura.[160] Uma vez que dissera que a *ratio* da coautoria está na ampliação das próprias possibilidades de ação por meio de uma divisão das tarefas, certamente deverá ser exigido, como primeiro requisito, o *conhecimento* dessa atividade conjunta ou dessa divisão de tarefas.[161] Deixei em aberto se, além disso, dever-se-ia exigir um dever comum de cuidado.[162] Observei que não haveria nada de errado na ideia de um dever comum de cuidado[163] e que um tal dever comum, nos casos em questão, também seria de afirmar-se. Concluí, portanto, pela desnecessidade de uma revisão da teoria da causalidade no sentido da teoria da condição mínima.

Hoje, depois de ter refletido mais detidamente sobre o conceito de pena e sua relação intrínseca com a ideia de culpabilidade,[164]

160. Apreciação semelhante em Roxin, *AT II*, § 25 nm. 242.

161. Do mesmo modo: Weisser, *Kollegialentscheidungen*, p. 147, 156; idem, *JZ* 1998, p. 236; Renzikowski, *Restriktiver Täterbegriff und fahrlässige Beteiligung*, 1997, p. 288; idem, *FS Otto*, p. 429 e ss.; Küpper, *GA* 1998, p. 527; Kamm, (n. 136), p. 196 e ss.; Gutiérrez (n. 130), p. 214 e ss.; Luzón/Díaz y Garcia, in: Schünemann et alii (n. 23), p. 605; Rodríguez Montañés (n. 91), p. 326; Roso Cañadillas (n. 136), p. 580 e ss.; Ransiek, *Unternehmensstrafrecht*, p. 70; Riedo/Chvojka, *SchwZStR* 120 (2002), p. 161; Schünemann, *Leipziger Kommentar*, § 25 nm. 217; Fischer, *Strafgesetzbuch*, § 25 nm. 26, que falam, preponderantemente, de um projeto de conduta comum. Semelhantemente, pretende Kuhlen, *FS BGH*, p. 670 limitar a coautoria a casos de culpa consciente. Schlehofer, *FS Herzberg*, p. 368, exige um ajuste no sentido do § 30 Abs. 2 do StGB. Para uma determinação puramente objetiva, Lesch, *ZStW* 105 (1993), p. 278 e ss.; idem, *GA* 1994, p. 121, n. 33; Jakobs, *GA* 1996, p. 264 e ss.; idem, *FS Herzberg*, p. 397 e ss., 400 e ss.); idem, in: Paeffgen et alii (orgs.), *Strafrechtswissenschaft als Analyse und Konstruktion, Festschrift für Ingeborg Puppe zum 70. Geburtstag,* 2011, p. 561, n. 65; Knauer, *Kollegialentscheidung*, p. 192 e ss., 198 e ss.; v. Weezel, *Beteiligung*, p. 67 e ss., 94 e ss., 204 e ss; talvez também Otto (n. 130), p. 283 e ss.; idem, *AT*, § 21 nm. 119 e ss. ("fundamentação puramente normativa"), Dencker, *Kausalität*, p. 157 e ss.; cujo "projeto de fato conjunto" ("Gesamttatprojekt") é concebido como elemento objetivo do tipo (p. 150, 152) e Lampe, *ZStW* 106 (1994), p. 693.

162. Assim Weisser, *Kollegialentscheidungen*, p. 147, 156 (ao que parece, diferente em *JZ* 1998, p. 236); Kamm (n. 136), p. 188 e ss.; 202; talvez também Otto (n. 130), p. 282 e ss.; idem (n. 4), § 21 nm. 114, 119 e ss.

163. Diversamente Puppe, *GA* 2004, p. 135; Duttge, *Münchener Kommentar*, § 15 nm. 211: o dever de cuidado recairia sobre cada sujeito individualmente considerado. Isso permanece, no entanto, infundado. Pormenorizadamente quanto a esse ponto Rotsch (n. 72), p. 887 e ss.

164. Principalmente Greco, *Strafprozesstheorie und materielle Rechtskraft*, 2015, p. 652 e ss. e o estudo publicado em GA 2015, p. 503 e ss., que em breve será publicado em português.

percebo ter errado. A fundamentação de consequências jurídicas negativas com base no sinalagma liberdade-responsabilidade é *insuficiente* quando a consequência que se trata de fundamentar é uma pena. Isso fica claro se recordarmos em que setores do direito assim se argumenta. O primeiro e mais claro deles é o chamado *direito de polícia*, ramo do direito bastante desenvolvido na Alemanha e que, por verdadeira infelicidade histórica, ainda não é conhecido no Brasil. Aqui, conhece-se um chamado *princípio do perturbador*:[165] todos têm o dever de cuidar de sua esfera de liberdade de modo que dela não se originem perigos para as esferas de liberdade alheias. O proprietário de cuja propriedade sai fumaça tem de tolerar, assim, a intervenção de terceiros, em especial da polícia, em sua propriedade. O dono do cão tem de garantir que este não morda ninguém. No direito civil, consideração similar é aduzida para fundamentar a legitimidade de uma *responsabilidade pelo risco*, também chamada, no Brasil, de responsabilidade objetiva, isto é, independente de culpa.[166]

Nessas formas de responsabilização se vê algo que as diferencia da pena de maneira fundamental: elas não são refratárias a uma imputação de responsabilidade, não conhecem qualquer exigência de responsabilização apenas por erros próprios. A ideia de representação, que recusamos ao discutir a tese de Ransiek, parece inaceitável no direito penal, não, contudo, nesses outros ramos do direito. Isso porque quem se faz representar, aumenta suas possibilidades de ação, de forma que é justo que seja responsabilizado, ao menos civil ou mesmo policialmente, pelos erros do representante.

Enfim: em um direito penal da culpabilidade, até a figura da coautoria dolosa é problemática. A ideia de imputação recíproca nela contida está em frontal tensão com a exigência de responsabilidade estritamente pessoal. Essa imputação recíproca parece tolerável no máximo em casos em que de fato se pode falar, literalmente, em uma obra comum. Pressuposto mínimo para tanto é que exista um plano comum de praticar o fato, isto é, dolo referido ao resultado, não sendo

165. Para os fundamentos dessa "Störerhaftung" ou responsabilidade do perturbardor do direito público ver, em especial, Lindner, *Die verfassungsrechtliche Dimension der allgemeinen polizeirechtlichen Adressatenpflichten*, 1997, p. 17 ss., 26 ss.; Hollands, *Gefahrenzurechnung im Polizeirecht*, 2005, p. 37 ss.; sobre a "Störerhaftung" do direito civil Baldus, MüKo-BGB, 6ª. ed. 2013, § 1004 nm. 149 ss.

166. Cf. Jansen, Struktur des Haftungsrechts, p. 622 e s., com referências.

em absoluto suficiente a presença de um projeto comum, que justamente deixaria de abarcar o resultado.

3. Segunda Conclusão

Nos casos de omissões simultâneas dolosas, podemos recorrer à figura da coautoria, que possibilita uma imputação recíproca.

Já nos casos de *culpa*, só será viável uma solução no plano da causalidade. Não se pode falar, como faz o BGH, de uma causalidade cumulativa das omissões individuais. Ainda assim, a teoria da condição mínima oferece um caminho. Cada voto dado (ou omitido) será causa do resultado final, ainda que possível subtraí-lo sem que o resultado deixe de ocorrer, porque esse voto se apresenta como componente de uma condição suficiente do resultado final. Essa teoria supera todas as dificuldades aventadas pela doutrina e inclusive o obstáculo aparentemente posto pelo direito positivo brasileiro, que, como demonstrado, em seu art. 13, *caput*, 2ª frase, CP, ainda deixa espaço para que se relativize a fórmula da *conditio-sine-qua-non*.

A figura da coautoria não é aceitável nos casos de culpa, uma vez que ela se fundamenta em uma consideração estranha a um direito penal que leve a sério a ideia de culpabilidade individual.

IV

CAUSALIDADE EM OMISSÕES COLETIVAS (2): OMISSÕES SUCESSIVAS

1. Introdução

Por último, dedico-me ao grupo de casos apresentado pela decisão do ginásio de esportes de inverno, com que abri o presente livro, em que os omitentes deveriam ter agido não ao mesmo tempo, mas sim um após o outro.[167] No caso concreto, o BGH afirmou que a omissão do perito de examinar com os próprios olhos o ginásio estatal de esportes, a respeito do qual ele tinha de elaborar um laudo, apenas enseja uma imputação dos resultados produzidos se se puder supor que a administração pública teria tomado as providências eventualmente indicadas, de modo que os resultados de morte tivessem sido evitados.[168] Isso teria de ser esclarecido pelo tribunal recorrido, que deveria levar especialmente em conta se do laudo do perito não poderiam ter sido extraídas indicações de perigos concretos, que, como "sinais de alarme" (*Alarmsignale*), acabariam por levar a administração pública a agir. O BGH diz, ademais, que a solução com base na

167. Ranft, *JZ* 1987, p. 863, fala de "omissões 'escalonadas' de vários garantidores"; Kahlo, *GA* 1987, p. 68, de um "evento de salvação intermediado por terceiros".

168. BGH *NJW* 2010, p. 1091 nm. 68. Minuciosamente sobre o fato e sobre a decisão do LG, Stübinger, *ZIS* 2010, p. 603 e ss. Resumo das decisões mais importantes em Roxin, *FS Achenbach*, p. 423 e ss.

figura da coautoria ou da causalidade cumulativa, que fora utilizada nas decisões dos casos do spray para couro e do comitê central, não pode ser utilizada no contexto em questão, pois se trataria, agora, de uma situação completamente diferente.[169]

Não está claro se o BGH diz algo novo ou permanece nos trilhos de sua jurisprudência tradicional. Assim, decidiu o tribunal anteriormente que não informar um outro médico sobre a existência de um abscesso que exigia uma cirurgia de emergência só levaria à imputação do resultado se esse segundo médico tivesse tomado as providências necessárias.[170] Mais tarde, em outra decisão, em que a diretora-substituta de um hemocentro deixou de informar ao diretor do instituto sobre a existência de anomalias em um procedimento a que se submetiam as conservas de sangue (chamado de "Abquetschen"), anomalias essas das quais resultaram mortes e lesões corporais, foi dito que não estava claro se o diretor teria proibido esse procedimento habitual utilizado há vinte anos, sobretudo porque a situação orçamentária do hemocentro era delicada.[171] As figuras facilitadoras da imputação presentes no caso do spray para couro não poderiam ser aqui invocadas, pois, naquele caso, se tratava de uma responsabilidade em comum e do mesmo grau de várias pessoas, enquanto, aqui, a diretora omitiu sozinha.[172] E, por fim, mencione-se o caso de um empregado de uma oficina de veículos, que omitiu a realização do exame devido – "simples controle visual" – e que, por isso, só conseguiu reconhecer parcialmente os defeitos nos freios de um caminhão. Em razão disso, o omitente não pôde informar ao gerente essa parcela dos perigos, que, por sua vez, não reteve o caminhão, daí decorrendo um acidente com resultado morte. O BGH decidiu que a causalidade da omissão para uma mudança de conduta do gerente não foi suficientemente comprovada.[173] Nesse ponto, a decisão do ginásio de esportes parece, realmente, conter uma pequena inovação, a saber, a referência aos chamados sinais de alarme, o que na prática deveria conduzir a uma facilitação da prova da evitabilidade do resultado.

169. BGH *NJW* 2010, p. 1091 nm. 65.

170. BGH *NStZ* 1986, p. 217; de acordo Ranft, *JZ* 1987, p. 864.

171. BGH *NJW* 2000, p. 2757; de acordo Weigend, *Leipziger Kommentar*, § 13 nm. 72, n. 236; Stree/Bosch, *Schönke-Schröder*, § 13 nm. 61.

172. BGH *NJW* 2000, p. 2757.

173. *BGHSt* 52, p. 164 e ss.

Deve-se dar razão ao BGH no sentido de que o presente grupo de casos *se distingue, de modo normativamente relevante, daquele em que várias pessoas se omitem simultaneamente.*[174] Se, perante omissões simultâneas, o problemático era como chegar à responsabilidade de todos, no contexto em questão apenas a responsabilidade do primeiro omitente é especialmente problemática. O omitente ulterior deverá, no máximo, ser tratado de acordo com os critérios gerais desenvolvidos para o omitente individual (supra, II.2). Enquanto em omissões simultâneas, trata-se, sempre, de várias violações reais do dever, aqui acontece frequentemente que o "omitente" posterior, em verdade, nem tem a oportunidade de omitir-se, pois o seu dever de agir só surgiria se o primeiro omitente tivesse observado seu próprio dever de agir. Essa segunda circunstância torna especialmente impossível recorrer, em todos os casos, à figura da coautoria, pois não se pode falar em uma coautoria com alguém cuja contribuição para o fato é meramente hipotética. Uma última diferença diz respeito à certeza quanto à consequência jurídica adequada. Enquanto nos casos de omissão simultânea, estava intuitivamente claro que "não pode ser certo" que todos se exonerassem, parece não mais existir – quaisquer que sejam os motivos – uma intuição comparavelmente forte neste caso. Pelo contrário, a consequência jurídica tem de ser "cegamente" derivada da dogmática.

2. Propostas de solução

a) A jurisprudência alemã: teoria da evitabilidade

A solução do BGH consiste em aplicar sua solução já desenvolvida para o omitente individual – ou seja, a teoria da evitabilidade (supra, II. 2. b]) – também em casos de omissões sucessivas. Se essa solução (como foi dito acima, II. 2. c], d]) foi recusada em favor da doutrina da diminuição do risco, então deve-se, já de antemão, tomar uma posição crítica diante dos atuais argumentos do BGH. Os mesmos argumentos acima aduzidos em favor da teoria da diminuição do risco parecem pertinentes.

Porém, é questionável se podemos nos apoiar apenas na doutrina da diminuição do risco, ou se é necessário desenvolver reflexões

174. Contra, mas sem fundamentação STREE/BOSCH, *Schönke-Schröder*, § 13 nm. 62.

adicionais. Stübinger, Roxin e, de maneira mais pormenorizada, Puppe apresentaram propostas a respeito, a que nos voltaremos em seguir.

b) Stübinger: proibição de regresso

Stübinger quer retornar à antiga teoria da proibição do regresso. A seu ver, um comportamento plenamente responsável – do qual o comportamento culposo também é uma manifestação – apenas excepcionalmente permite que se pergunte por suas condições prévias.[175] Se compreendo corretamente as ideias de Stübinger, postula ele uma exceção dessa ordem para o grupo de casos em que o primeiro responsável pelo salvamento priva o segundo de uma informação deste desconhecida.[176] Com relação ao caso do ginásio de esportes de inverno, isso significa que o resultado não poderia ser imputado ao perito, pois o estado de insegurança do ginásio, ou seja, a necessidade de exames ulteriores, seria suficientemente conhecida pelo município.[177]

No contexto do presente estudo, não se pode esperar uma tomada de posição a respeito da teoria da proibição de regresso.[178] Deve ser observado que essa tese – que, em última análise, responsabiliza apenas o último e exonera todos os demais –, impossibilita que a ordem jurídica garanta a incolumidade de certos bens jurídicos por meio de uma rede de normas coordenadas e dirigidas a vários destinatários.[179] Parece-me que a mera alusão à ideia da proibição de regresso é um argumento um tanto débil para fundamentar a drástica consequência de que a ordem jurídica tenha de ser tamanhamente comedida. Isso se torna um tanto mais evidente em uma sociedade diferenciada e com alto grau de divisão do trabalho, na qual perigos não partem de um único destinatário da norma – e que, por isso, se sente crescentemente tentada a admitir mesmo uma imputação a

175. Stübinger, *ZIS* 2011, p. 612 e ss., 614.

176. Stübinger, *ZIS* 2011, p. 615.

177. Stübinger, *ZIS* 2011, p. 615.

178. Crítica também Puppe, *Nomos Kommentar*, vor §§ 13 ff. nm. 163; a ideia nada mais seria do que postular a regra duvidosa de que "o último será mordido pelos cães" (nm. 181), um dito popular alemão.

179. Meu ceticismo sobre a teoria já foi externado em Greco, *Um panorama da teoria da imputação objetiva*, 2. ed., 2007, p. 76 e ss.

título de coautoria até no âmbito dos crimes culposos.[180] Em razão disso, não devem ser acolhidas as considerações de Stübinger.

c) Roxin: o (primeiro) causador do (segundo) causador causa o resultado final

O raciocínio de Roxin é, como ele mesmo diz, "simples".[181] A primeira inação seria uma condição da segunda, de onde decorreria que "a condição de uma condição – portanto a omissão da intervenção do terceiro que salva – (...) é, por si só, uma condição do resultado e, por isso, causa". Contudo, deveria ser exigido que o segundo autor, por sua ação, pudesse ter evitado o resultado com uma probabilidade próxima da certeza. À possível objeção de que, ainda que o primeiro autor tivesse cumprido o seu dever, seria incerto se o segundo autor teria agido, replica Roxin que isso é um curso causal hipotético, "que, em vista do acontecimento real, não tem importância".

Essa réplica me parece um tanto insatisfatória, pois quando se pergunta pela causalidade de uma omissão, toda a análise se baseia em cursos causais hipotéticos. Trata-se, pois, de saber se a execução (hipotética) da ação devida teria evitado o acontecimento do resultado ou diminuído o seu risco. Portanto, não apenas a decisão do segundo autor de ficar inerte é hipotética; igualmente sua decisão de agir permanece uma mera possibilidade. Com outras palavras: um curso causal real, passível de ser distinguido de algo meramente hipotético, parece não existir no presente contexto.[182]

180. Cf. supra, III. 2 c bb). Afinal, de certa forma, a imputação recíproca que é fundamentada pela coautoria é precisamente o oposto de uma proibição de regresso, se esta for entendida como a ideia de que cada agente inteiramente responsável somente deve ser responsabilizado pelos fatos próprios e nunca por fatos de outros, cf. Greco, in: Greco/Leite/Teixeira/Assis, *Autoria como domínio do fato*, 2014, p. 203 e ss.

181. Roxin, *FS Achenbach*, p. 431 (o estudo está traduzido para o português, por Assis, in: Roxin, *Novos estudos de direito penal*, 2014, p. 152 e ss.).

182. Poder-se-ia considerar, além disso, fundamentar a imputação do resultado ao primeiro autor precisamente em que, em muitos casos, o primeiro autor, mediante sua omissão, impede que surja, em geral, o dever de agir do segundo autor e, por conseguinte, o bem jurídico é privado de sua última trincheira jurídica de proteção (sobre essa reflexão, em um outro contexto, pioneiramente Puppe, in: Hettinger et alii [orgs.], *Festschrift für Wilfried Küper zum 70. Geburtstag*, 2007, p. 443 e ss.). No entanto, como a causalidade não pode se esgotar já na frustração da garantia *jurídica* de salvação do bem, mas pressupõe que haja uma piora *fática* na situação do bem, penso que esse não seria um caminho praticável.

d) Puppe: presunção iuris et de jure *de comportamento correto*

Como dito acima, entende Puppe que decisões humanas ocorrem em uma dimensão indeterminada da realidade; diante disso, nada mais resta do que imputar de acordo com leis de probabilidade, ou, em outras palavras, com base na teoria do aumento ou da diminuição do risco.[183] No presente contexto, Puppe introduz uma consideração adicional. Como ninguém pode exonerar-se por meio da alegação de que um outro também se comportou de maneira ilícita, deve-se supor que o comportamento do outro teria guardado conformidade ao direito.[184] Esse princípio, com maior razão, deve valer quando a violação do dever de outrem é meramente hipotética ou irreal, pois parece especialmente despropositado exonerar alguém em razão de que outro também poderia, em hipótese, ter violado seu dever.[185] Por isso, deve-se supor que a administração pública, no caso do ginásio de esportes de inverno, o segundo médico no caso do abscesso, os diretores do centro de transfusão de sangue e o gerente da firma de caminhões teriam observado seus deveres; dessa forma, pode-se afirmar a causalidade da omissão do primeiro autor.

Parece, porém, duvidoso se é admissível trabalhar com uma ficção de tal forma manifesta.[186] Não convence a réplica de que o mesmo se faria na comissão, pois também ali o comportamento ilegal

183. Mais recentemente Puppe, *JR* 2010, p. 355; v. também n. 31, supra.

184. Puppe, *AT*, § 30 nm. 15 e ss., § 2 nm. 38 e ss., 40 e ss.; idem, *GA* 2010, p. 568; idem, *JR* 2010, p. 357; idem, *ZJS* 2008, p. 601; idem, *Nomos Kommentar*, vor § 13 ff. nm. 134; idem, *FS Roxin*, p. 298; idem, *JR* 1992, p. 31; idem, *ZStW* 92 (1980), p. 907; Sofos, *Mehrfachkausalität*, p. 245 e ss.: "hipótese de conformidade contrafática à norma"; do mesmo modo Altenhain, *NStZ* 2001, p. 188; Bosch, *Organisationsverschulden im Unternehmen*, 2002, p. 106 e ss; idem, *JA* 2008, p. 739 (contudo, pouco claro, idem, in: Paeffgen et alii [orgs.], *Strafrechtswissenschaft als Analyse und Konstruktion, Festschrift für Ingeborg Puppe zum 70. Geburtstag*, 2011, p. 373 [p. 382 e ss. de um lado; p. 388 e ss. de outro lado]); Stree/Bosch, *Schönke-Schröder*, § 13 nm. 62 (apesar da inconsequente exceção para o caso em que já é certo que o terceiro teria permanecido inativo); Jakobs, *FS Miyazawa*, p. 423 (com respeito ao comportamento futuro de outrem, verdadeira aplicação em omissões da teoria do incremento do risco, p. 431 e ss.); Kölbl, *JuS* 2006, p. 310 n. 10; nesse sentido, também, Köhler, *AT*, p. 229; Bloy, *FS Maiwald*, p. 55 e ss.

185. Puppe, *JR* 2010, p. 357; idem, *AT*, § 30 nm. 15; Altenhain, *NStZ* 2001, p. 188.

186. Hesitante também Dencker, *Kausalität*, p. 171; estritamente críticos Gimbernat, *ADPCP*, 2000, p. 59; Schaal, *Verantwortlichkeit*, p. 123 e ss.

hipotético de outrem não isenta de responsabilidade,[187] na medida em que, no delito comissivo, a causalidade do comportamento do autor para o resultado já é certa. Aqui, pelo contrário, tenta-se postular não apenas um comportamento hipoteticamente ilícito, mas já um comportamento hipotético de outrem, a fim de alcançar o resultado desejado da relação causal. A pretensa indeterminação do comportamento humano, devido às objeções acima mencionadas (II. 2. c] bb]), não é um fundamento suficiente para essa ficção.[188] Também o argumento de que essa suposição seria necessária "em nome da efetividade das normas"[189] é um chavão insuficiente, que pode ser utilizado em quaisquer circunstâncias, sempre que se queira responsabilizar alguém.[190] A suposição pode ser especialmente questionável quando se imaginam casos em que é certo, desde o início, que o segundo omitente não vai observar seu dever, mas ninguém sabe disso.[191] Puppe entende que, no caso do Comitê Central do Partido Socialista Único, a causalidade está no fato de que cada membro deixou de requerer a revogação da ordem de atirar – pois deve-se supor que os outros membros teriam concordado com essa revogação.[192] Parece bastante evidente que ninguém chega a integrar esse Comitê Central se não for um comunista convicto, que considera mais importante a reputação do socialismo no restante do mundo do que a vida dos traidores do proletariado e de sua revolução.

187. Assim Bosch, *JA* 2008, p. 739; idem, *FS Puppe*, p. 389; Stree/Bosch, *Schönke-Schröder*, § 13 nm. 62; Jakobs, *FS Miyazawa*, p. 431.

188. Exposição crítica em Schaal, *Verantwortlichkeit*, p. 129 e ss.

189. Puppe, *ZStW* 92 (1980), p. 907; recentemente, idem, *GA* 2010, p. 568.

190. Crítico, nesse ponto, Bosch, *FS Puppe*, p. 380.

191. Incluo esse último acréscimo a fim de que não se dê guarida à afirmação (ainda que correta) de que já deixa de existir a violação de dever da omissão, quando é certo que outra pessoa teria se comportado ilicitamente (assim Puppe, *GA* 2004, p. 144; idem (n. 5 – AT), § 30 nm. 9, 17). Deve-se, pois, partir da perspectiva *ex ante* da violação da conduta do autor; e essa violação do dever também se realizará no resultado, se se tiver de postular o comportamento adequado ao direito do segundo autor.

192. Puppe, *GA* 2004, p. 144; idem (n. 5 – AT), § 30 nm. 11. Para um intuitivo exemplo ulterior Schaal, *Verantwortlichkeit*, (n. 11), p. 132.

e) *Proposta de solução: o comportamento correto como regra de experiência*

A ideia de PUPPE, porém, tem um núcleo correto, que deve ser aproveitado. É necessário, apenas, abandonar suas dimensões fictícias. Esse núcleo parece consistir no seguinte: muitas vezes, nem sequer é necessário supor que os outros se comportariam licitamente, pois em uma sociedade em que impera o direito – como contraposição a um mero estado de natureza – o direito é um real fator de orientação, que realmente é observado pela maioria. Somente diante de dados concretos deve-se questionar a disposição de outrem de agir de acordo com a lei. Em outras palavras: não se deve postular uma ficção de que o terceiro se comportaria em conformidade com o direito, mas isso deve ser entendido como *regra de experiência*, que ajudará na prova da causalidade da omissão (para o resultado em sua concreta feição, isto é, precisado segundo o tempo de ocorrência e intensidade/quantidade) e na prova da diminuição do risco *ex post* mediante a conduta devida.[193] O juiz pode partir da regra de experiência de que, salvo indicações em sentido contrário, todos se comportarão segundo o direito.

Cumpre apenas precisar quais seriam essas indicações concretas, que poderiam refutar a regra da experiência de que os outros se comportarão em conformidade ao direito. Isso provavelmente será uma questão atinente ao caso concreto, mas talvez se possa recorrer à rica casuística das exceções ao princípio da confiança,[194-195] sem dúvida, com a reserva de que, no contexto em questão, deve ser feita

193. Sobre o conceito de regra de experiência SOMMER, in: HANACK (org.), *Festschrift für Peter Rieß zum 70. Geburtstag am 4. Juni 2002,* 2002, p. 585; MEURER, in: BICKEL et alii (orgs.), *Festschrift für Ernst Wolf*, 1985, p. 493; SOUSA MENDES, in: COSTA ANDRADE et alii (orgs.), *Estudos em homenagem a Figueiredo Dias,* v. III, 2010, p. 997.

194. Registram a proximidade entre essas reflexões e o princípio da confiança também JAKOBS, *FS Miyazawa*, p. 423; DENCKER, *Kausalität*, p. 70; BLOY, *FS Maiwald*, p. 57, n. 101; contra PUPPE, *FS Roxin*, p. 298. Sobre o princípio da confiança cf. SIQUEIRA, *Princípio da confiança no direito penal*, 2016.

195. Com outras referências, por ex., STERNBERG-LIEBEN, in: SCHÖNKE/SCHRÖDER, § 15 nm. 150, 213 e ss. Dentre essas exceções, uma – em si mesma questionável, v. ROXIN/GRECO, AT I, § 24 nm. 24 – não pode ser invocada, a saber: a de que não se poderia recorrer ao princípio da confiança quando a própria pessoa se comporta ilicitamente (*BGHSt* 9, p. 93; 13, p. 172). Isso conduziria especialmente a que não mais reste regra da experiência, pois, no presente contexto, sempre se trata de alguém que se comportou ilicitamente.

uma avaliação da perspectiva *ex post,* uma vez que se trata do desvalor do resultado. Se existirem, porém, tais dados concretos, então ambos, causalidade e diminuição do risco, devem ser objeto de uma ampla atividade probatória, não podendo ser simplesmente presumidos com base em uma ficção.

Em *resumo*: a teoria da evitabilidade tampouco deverá ser utilizada no caso de omissões sucessivas – em que a segunda omissão frequentemente permanece apenas como uma hipótese. Também aqui é de dar preferência a uma teoria da diminuição do risco, que toma o cuidado de não se substituir à teoria da causalidade, mas de simplesmente limitá-la. No entanto, na comprovação da causalidade e da diminuição do risco, pode-se partir da suposição de que os outros teriam se comportado de maneira lícita, a não ser que certos indícios especiais gerem dúvidas a respeito.

3. Resolução dos casos da jurisprudência

Com base nesses critérios, os autores, nos quatro casos acima, deveriam ser condenados por homicídio culposo ou por lesão corporal.

No caso do ginásio de esportes de inverno, pode-se supor, de acordo com a regra de experiência acima introduzida, que a administração pública, ao tomar conhecimento do concreto perigo de vida, não teria ficado simplesmente inerte. Se a administração tivesse agido, seja executando os reparos necessários, seja fechando o ginásio, os resultados, no local e no momento concretos, teriam sido evitados, de modo que a omissão do autor foi tanto causa quanto também incrementou o risco do resultado. O fato de a administração ter permanecido anteriormente inativa não é um indício que coloque em dúvida a regra de experiência, pois a administração ainda não havia sido confrontada com perigo de vida concreto. Isso significa que o BGH subestimou consideravelmente o potencial da ideia do "sinal de alarme" por ele mesmo introduzida.

Da mesma maneira, pode-se supor, em princípio, que o segundo médico teria realizado a segunda cirurgia e que o gerente do hemocentro teria remediado as más condições higiênicas ali existentes. A simples menção a problemas de orçamento não constitui motivo para supor que o gerente lhes desse preferência em detrimento da vida e da saúde dos pacientes.

Tampouco o *gerente da firma de veículos* pode ter uma visão global dos perigos. Não se deve supor que ele tivesse levianamente aceitado o risco de extensos danos pessoais e materiais, de modo que também aqui deveria ser afirmada a imputação do resultado.

4. Terceira Conclusão

Os casos de omissões sucessivas devem ser solucionados com base na regra de experiência de que o próximo se comportaria de acordo com o direito. Em princípio, não será possível que o primeiro omitente se isente de responsabilidade alegando um erro que um segundo também poderia ter cometido.

V

CONCLUSÃO GLOBAL

Os resultados devem ser imputados objetivamente a um omitente, portanto, já quando a realização da conduta devida tivesse diminuído a ocorrência do risco do resultado, pois, em casos dessa ordem, está presente *a ratio* do desvalor do resultado – a saber, documentar de modo enfático que a ordem jurídica tinha razão ao proibir um determinado comportamento. A configuração concreta de um resultado deve ser definida exclusivamente mediante uma referência a dados de tempo e intensidade/quantidade, com o que se torna possível conceber, também para os delitos omissivos, uma teoria da diminuição do risco que não mais substitui a causalidade, mas que a ela se adiciona como mais um pressuposto limitador da punibilidade (supra, II.).

No caso de omissões simultâneas de vários garantidores, se dolosas, pode configurar-se uma coautoria, que permite uma imputação recíproca do comportamento de todos os envolvidos. Essa figura é, contudo, inaplicável aos crimes culposos. Ainda assim, é possível imputar os resultados às omissões de vários garantidores na medida em que elas forem componente necessária de condição suficiente do resultado e portanto causadoras deste (chamada teoria da condição mínima) (supra, III.).

Em casos de omissões sucessivas, a imputação do resultado ao primeiro omitente pode, salvo concretas indicações em sentido contrário, partir de uma regra de experiência segundo a qual o garante que deve agir posteriormente observará seu dever (supra, IV.).

BIBLIOGRAFIA

ALASTUEY DOBÓN, Maria del Carmem: "La comisión por omisión en la jurisprudencia del Tribunal Supremo", in: *ADPCP* 1992, p. 969 e ss.

ALTENHAIN, Karsten: Comentário a BGH Urteil vom 19.4.2000 – 3 StR 442/99, *NStZ* 2001, p. 189 e ss.

ANDROULAKIS, Nikolaos: *Studien zur Problematik der unechten Unterlassungsdelikte*, 1963 (cit.: Unterlassungsdelikte).

BECKER, Christian: *Das gemeinschaftliche Begehen und die sogenannte additive Mittäterschaft*, 2009.

BEULKE, Werner/BACHMANN, Georg: "Die Lederspray-Entscheidung", *JuS* 1992, p. 737 e ss.

BINNS, Martin: *Inus-Bedingung und strafrechtlicher Kausalbegriff*, 2001 (cit.: Inus-Bedingung).

BLOY, René: Resenha de Kamm, Die fahrlässige Mittäterschaft, 1999, *GA* 2000, p. 392 e ss.

IDEM: "Die strafrechtliche Produkthaftung auf dem Prüfstand der Dogmatik", in: BÖSE et alii (orgs.), *Gerechte Strafe und legitimes Strafrecht, Festschrift für Manfred Maiwald zum 75. Geburtstag*, 2010, p. 35 e ss.

BOSCH, Nikolaos: Comentário a BGHSt 52, 159, in: *JA* 2008, p. 737 e ss.

IDEM: "Die Hypothese rechtmäßigen Verhaltens bei psychisch vermittelter Kausalität", in: PAEFFGEN et alii (orgs.), *Strafrechtswissenschaft als Analyse und Konstruktion, Festschrift für Ingeborg Puppe zum 70. Geburtstag*, 2011, p. 373 e ss.

BOTTKE, Wilfried: "Mittäterschaft bei gemeinsam fahrlässiger oder leichtfertiger Erfolgserwirkung", *GA* 2001, p. 463 e ss.

BRAMMSEN, Joerg: "Erfolgszurechnung bei unterlassener Gefahrverminderung durch einen Garanten", *MDR* 1989, p. 123 e ss.

IDEM: "Kausalitäts- und Täterschaftsfragen bei Produktfehlern", *Jura* 1991, p. 533 e ss.

BUNG, Jochen: *Wissen und Wollen im Strafrecht. Zur Theorie und Dogmatik des subjektiven Tatbestands*, 2009.

CARTWRIGHT, Nancy: "The Truth doesn't explain much", in: KLEMKE et alii (orgs.), *Introductory readings in the Philosophy of Science*, New York, 1998, p. 233 e ss. (cit.: Truth).

DAVIDSON, Donald: "Causal relations", in: *The Journal of Philosophy* 64 (1967), p. 691 e ss.

DENCKER, Friedrich: *Kausalität und Gesamttat*, 1996 (cit.: *Kausalität*).

DEUTSCHER, Jörg/KÖRNER, Peter: "Die strafrechtliche Produtverantwortung von Mitgliedern kollegialer Geschäftsleitungsorgane", wistra 2006, 327 e ss.

DOLD, Dennis: "Die Mehrfachkausalität von Sorgfaltspflichtverletzungen", in: *Rechtstheorie* 41 (2010), p. 109 e ss.

DONINI, Massimo: *Teoria del reato. Una introduzione*, Padova, 1996 (cit.: *Teoria del reato*).

DREHER, Sonja: "Mittelbare Unterlassungstäterschaft und Kausalität bei kollektivem Unterlassen", *JuS* 2004, p. 17 f.

ENGISCH, Karl: *Die Kausalität als Merkmal strafrechtlicher Tatbestände*, 1931 (cit.: *Kausalität*).

IDEM: *Die Lehre von der Willensfreiheit in der strafrechtsphilosophischen Doktrin der Gegenwart*, 2.ª ed. 1965 (cit.: *Willensfreiheit*).

IDEM: "Tun und Unterlassen", in: LACKNER et alii (orgs.), *Festschrift für Wilhelm Gallas zum 70. Geburtstag am 22. Juli 1973,* 1973, p. 163 e ss. (cit.: *FS Gallas*).

ENGLÄNDER, Armin: "Kausalitätsprobleme beim unechten Unterlassungsdelikt", *JuS* 2001, p. 958 e ss.

ERB, Volker: *Rechtmäßiges Alternativverhalten und seine Auswirkungen auf die Erfolgszurechnung im Strafrecht*, 1991 (cit.: Alternativverhalten).

IDEM: "Die Zurechnung von Erfolgen im Strafrecht", in: *JuS* 1994, p. 449 e ss.;

ESTELLITA, Heloísa: *Responsabilidade penal de dirigentes de empresas por omissão*, São Paulo, 2017.

FEIJOO SÁNCHEZ, Bernardo: *Derecho penal de la empresa e imputación objetiva*, Madrid, 2007.

FISCHER, Thomas: *Strafgesetzbuch und Nebengesetze*, 57.ª ed. 2010 (cit.: *StGB*);

FRISCH, Wolfgang: *Tatbestandsmäßiges Verhalten und Zurechnung des Erfolgs*, 1988 (cit.: *Verhalten*).

IDEM: "Die Conditio-Formel: Anweisung zur Tatsachenfeststellung oder normative Aussage?", in: ERB/DÖLLING (orgs.), *Festschrift für Karl Heinz Gössel zum 70. Geburtstag am 16. Oktober 2002*, p. 51 e ss. (cit.: *FS Gössel*).

IDEM: "Defizite empirischen Wissens und ihre Bewältigung im Strafrecht", in: BÖSE et alii (orgs.), *Gerechte Strafe und legitimes Strafrecht, Festschrift für Manfred Maiwald zum 75. Geburtstag*, 2010, p. 239 e ss.

FRISTER, Helmut: *Strafrecht Allgemeiner Teil*, 4.ª ed. 2009 (cit.: AT).

FÜNFSINN, Helmut: *Der Aufbau des fahrlässigen Delikts durch Unterlassen im Strafrecht*, 1985 (cit.: *Aufbau*).

GIMBERNAT, Enrique: "Causalidad, omisión e imprudencia", in: *ADPCP* 1994, p. 5 e ss.

IDEM: "Das unechte Unterlassungsdelikt", in: *ZStW* 111 (1999), p. 307 e ss.

IDEM: "La causalidad en la omisión impropia y la llamada 'omisión por comisión'", *ADPCP* 2000, p. 29 e ss.

GRASSO, Giovanni: *Il reato omissivo improprio. La struttura obiettiva della fattispecie*, Milano, 1983 (cit.: *Reato omissivo*).

GRECO, Luís: *Wider die Relativierung der Unterscheidung von Unrecht und Schuld*, GA 2009, 636 e ss. (= Contra a recente relativização da distinção entre injusto e culpabilidade, trad. de Augusto Assis, in: Jorge SILVEIRA/RASSI [orgs.], Estudos em homenagem a Vicente Greco Filho, 2014, p. 351 e ss.; também em Anatomia do Crime. Revista de Ciências Jurídico-Criminais 2 [2015], p. 9 e ss.).

IDEM: "Domínio da organização e o chamado princípio da autorresponsabilidade", trad. Leite, in: GRECO/LEITE/TEIXEIRA/ASSIS, *Autoria como domínio do fato*, 2014, p. 203 e ss.

IDEM: "Steht das Schuldprinzip der Einführung einer Strafbarkeit juristischer Personen entgegen? Zugleich Überlegungen zum Verhältnis von Strafe und Schuld", in: *GA* 2015, p. 503 e ss. (em breve a ser publicado em português, "Opõe-se o princípio da culpabilidade à penalização de pessoas jurídicas? – Reflexões sobre a conexão entre pena e culpabilidade", trad. Gleizer, no livro GRECO, Novos estudos de direito penal, 2017, no prelo).

IDEM: *Strafprozesstheorie und materielle Rechtskraft*, 2015 (cit.: *Strafprozesstheorie*).

IDEM/TEIXEIRA, Adriano: "Autoria como realização do tipo: uma introdução à ideia de domínio do fato como o fundamento central da autoria no direito penal brasileiro", in: GRECO/LEITE/TEIXEIRA/ASSIS, *Autoria como domínio do fato*, 2014, p. 47 e ss.

IDEM/ASSIS, Augusto: "O que significa a teoria do domínio do fato para a criminalidade de empresa", in: GRECO/LEITE/TEIXEIRA/ASSIS, *Autoria como domínio do fato*, 2014, p. 81 e ss.

GROPP, Walter. "Die fahrlässige Verwirklichung des Tatbestandes einer strafbewehrten Handlung – miteinander oder nebeneinander. Überlegungen zur so genannten fahrlässigen Mittäterschaft", in: *GA* 2009, p. 265 e ss.

GUEIROS SOUZA, Artur de Brito / JAPIASSÚ, Carlos Eduardo Adriano: *Curso de direito penal, Parte geral,* 2.ª ed., Rio de Janeiro, 2015 (cit.: *PG*).

GUTIÉRREZ RODRÍGUEZ, María: *La responsabilidad penal del coautor*, Valencia, 2001 (cit.: Coautor).

HAAS, Volker: *Kausalität und Rechtsverletzung. Ein Beitrag zu den Grundlagen strafrechtlicher Erfolgshaftung am Beispiel des Abbruchs rettender Kausalverläufe*, 2002 (cit.: *Kausalität*).

HARDWIG, Werner: *Die Zurechnung. Ein Zentralproblem des Strafrechts*, 1957 (cit.: *Zurechnung*).

HÄRING, Daniel: *Die Mittäterschaft beim Fahrlässigkeitsdelikt*, Basel et alii, 2005 (cit. *Mittäterschaft*).

HASSEMER, Winfried: *Produktverantwortung im modernen Strafrecht*, 2.ª ed. 1996 (cit.: *Produktverantwortung*).

HEFENDEHL, Roland: "Tatherrschaft im Unternehmen aus kriminologischer Perspektive", in: *GA* 2004, p. 575 e ss.

HERZBERG, Rolf-Dietrich: "Die Kausalität bei unechten Unterlassungsdelikt", in: *MDR* 1971, p. 881 e ss.

IDEM: *Willensunfreiheit und Schuldvorwurf*, 2010 (cit.: *Willensunfreiheit*).

HILGENDORF, Erich: *Strafrechtliche Produzentenhaftung in der "Risikogesellschaft"*, 1993 (cit.: *Produzentenhaftung*).

IDEM: "Fragen der Kausalität bei Gremienentscheidungen am Beispiel des Lederspray-Urteils", in: *NStZ* 1994, p. 561 e ss.

IDEM: "Der gesetzmäßige Zusammenhang im Sinne der modernen Kausallehre", in: *Jura* 1995, p. 514 e ss.

IDEM: "Zur Lehre vom Erfolg in seiner konkreten Gestalt", in: *GA* 1995, p. 515 e ss.

IDEM: "Wozu brauchen wir die objektive Zurechnung? Skeptische Überlegungen am Beispiel der strafrechtlichen Produkthaftung", HEINRICH et alii (org.), *Festschrift für Ulrich Weber zum 70. Geburtstag am 18. September 2004*, 2004, p. 33 e ss.

HIRSCH, Hans-Joachim: "Handlungs-, Sachverhalts- und Erfolgsunwert", in: GRAUL/WOLF (orgs.), *Gedächtnisschrift für Dieter Meurer*, 2002, p. 3 e ss.

HOLLANDS, Martin: *Gefahrenzurechnung im Polizeirecht*, 2005.

HORN, Eckhard: *Konkrete Gefährdungsdelikte*, 1973.

HOYER, Andreas: "Die traditionelle Strafrechtsdogmatik vor neuen Herausforderungen: Probleme der strafrechtlichen Produkthaftung", in: *GA* 1996, p. 160 e ss.

IDEM: "Kausalität und/oder Risikoerhöhung", in: ROGALL et alii (orgs.), *Festschrift für Hans-Joachim Rudolphi zum 70. Geburtstag,* 2004, p. 95 e ss.

IDEM: Wozu brauchen wir eine fahrlässige Mittäterschaft?, in: PAEFFGEN et alii (orgs.), *Strafrechtswissenschaft als Analyse und Konstruktion, Festschrift für Ingeborg Puppe zum 70. Geburtstag,* 2011, p. 515 e ss.

HRUSCHKA, Joachim: *Strafrecht nach logisch-analytischer Methode*, 2.ª ed. 1998 (cit.: AT).

JÄGER, Christian: "Die notwendige Bedingung als ereignisbezogener Kausalfaktor", in: BÖSE et alii (orgs.), *Gerechte Strafe und legitimes Strafrecht, Festschrift für Manfred Maiwald zum 75. Geburtstag*, p. 345 e ss.

JAKOBS, Günther: *Strafrecht, Allgemeiner Teil*, 2.ª ed. 1991 (cit.: *AT*).

IDEM: "Strafrechtliche Haftung durch Mitwirkung an Abstimmungen", in: KÜHNE (org.), *Festschrift für Koichi Miyazawa*, 1995, p. 419 e ss.

IDEM: "Akzessorietät. Zu den Voraussetzungen gemeinsamer Organisation", in: *GA* 1996, p. 253 e ss.

IDEM: *Die strafrechtliche Zurechnung von Tun und Unterlassen*, 1996 (cit.: Zurechnung).

IDEM: "Beteiligung durch Chancen- und Risikoaddition", in: PUTZKE et alii (orgs.), *Strafrecht zwischen System und Telos, Festschrift für Rolf Dietrich Herzberg zum siebziegsten Geburtstag am 14. Februar 2008*, p. 395 e ss.

IDEM: Erfolgsunwert und Rationalität, Jakobs, in: JOECKS et alii (orgs.), *Recht – Wirtschaft – Strafe, Festschrift für Erich Samson,* 2010, p. 43 e ss.

IDEM: Mittäterschaft als Beteiligung, in: PAEFFGEN et alii (orgs.), *Strafrechtswissenschaft als Analyse und Konstruktion, Festschrift für Ingeborg Puppe zum 70. Geburtstag,* 2011, p. 548 e ss.

JANSEN, Niels: *Die Struktur des Haftungsrechts*, 2003.

JESCHECK, Hans-Heinrich/WEIGEND, Thomas: *Lehrbuch des Strafrechts Allgemeiner Teil*, 5.ª ed. 1996 (cit.: AT).

JOECKS, Wolfgang/MIEBACH, Klaus: *Münchener Kommentar zum StGB*, 1.ª ed. 2003 (cit.: AUTOR, *Müncher Kommentar*).

JORDAN, Adolf-Dietrich: "Rechtmäßiges Alternativverhalten und Fahrlässigkeit", in: *GA* 1997, p. 349 e ss.

KAHLO, Michael: "Das Bewirken durch Unterlassen bei drittvermitteltem Rettungsgeschehen", in: GA 1987, p. 66 e ss.

IDEM: *Das Problem des Pflichtwidrigkeitszusammenhangs bei den unechten Unterlassungsdelikten*, 1990 (cit.: *Pflichtwidrigkeitszusammenhang*).

IDEM: *Die Handlungsform der Unterlassung als Kriminaldelikt*, 2001 (cit.: *Unterlassung*).

KAHRS, Hans Jürgen: *Das Vermeidbarkeitsprinzip und die conditio-sine-qua-non-Formel im Strafrecht*, 1968 (cit.: *Vermeidbarkeitsprinzip*).

KAMM, Simone: *Die fahrlässige Mittäterschaft*, 1999 (cit.: *Mittäterschaft*).

KANE, Robert (org.): The Oxford Handbook of Free Will, Oxford, 2002.

KARGL, Walter: "Zur kognitiven Differenz zwischen Tun und Unterlassen", in: *GA* 1999, p. 459 e ss.

KAUFMANN, Armin: *Die Dogmatik der Unterlassungsdelikte*, 2.ª ed. 1988 (primeiramente 1959);

IDEM: "Zum Stande der Lehre vom personalen Unrecht", in: STRATENWERTH et alii (org.), *Festschrift für Hans Welzel zum 70. Geburtstag am 25. März 1974,* 1974, p. 393 e ss.

IDEM: "Das fahrlässige Delikt", in: DORNSEIFER et alii (org.), *Strafrechtsdogmatik zwischen Sein und Wert*, 1982, p. 133 e ss.

KAUFMANN, Arthur: "Die Bedeutung hypothetischer Erfolgsursachen im Strafrecht, in: BOCKELMANN/GALLAS (org.), *Festschrift für Eberhard Schmidt zum 70. Geburtstag,* 1961, 1961, p. 200 e ss.

IDEM: "Kritisches zur Risikoerhöhungstheorie", Vogler/Herrmann (orgs.), *Festschrift für Hans-Heinrich Jescheck zum 70. Geburtstag,* tomo I, 1985, p. 272 e ss. (cit.: *FS Jescheck*).

KINDHÄUSER, Urs: "Kausalanalyse und Handlungszuschreibung", in: GA 1982, p. 476 e ss.

IDEM: *Gefährdung als Straftat. Rechtstheoretische Untersuchungen zur Dogmatik der abstrakten und konkreten Gefährdungsdelikte*, 1989 (cit.: *Gefährdung*).

IDEM: "Handlungs- und normtheoretische Grundfragen der Mittäterschaft", in: BOHNERT et alii (orgs.), *Verfassung – Philosophie – Kirche Festschrift für Alexander Hollerbach zum 70. Geburtstag,* 2001, p. 627 e ss.

IDEM: "Risikoerhöhung und Risikoverringerung", in: *ZStW* 120 (2008), p. 481 e ss.

IDEM: *Strafrecht. Allgemeiner Teil*, 4.ª ed. 2009 (cit.: *AT*).

KÖHLER, Michael: *Strafrecht Allgemeiner Teil*, 1997 (cit.: *AT*).

KÖLBEL, Ralf: "Objektive Zurechnung beim unechten Unterlassen", in: *JuS* 2006, p. 309 e ss.

KORIATH, Heinz: *Kausalität, Bedingungstheorie und psychische Kausalität*, 1988 (cit.: *Kausalität*).

KNAUER, Christoph: *Die Kollegialentscheidung im Strafrecht. Zugleich ein Beitrag zum Verhältnis von Kausalität und Mittäterschaft*, 2001 (cit.: *Kollegialentscheidung*).

IDEM: "Strafbarkeit wegen Totschlags durch Unterlassen bei Nichtherbeiführung eines Beschlusses des SED-Politbüros", in: *NJW* 2003, p. 3101 e ss.

KRAATZ, Erik: *Die fahrlässige Mittäterschaft. Ein Beitrag zur strafrechtlichen Zurechnungslehre auf Grundlage eines finalen Handlungsbegriffs*, 2006 (cit.: *Mittäterschaft*).

KRÜMPELMANN, Justus: "Schutzzweck und Schutzreflex der Sorgfaltspflicht", in: ARTHUR KAUFMANN et alii (orgs.), *Festschrift für Paul Bockelmann zum 70. Geburtstag am 7. Dezember 1978,* p. 443 e ss.

IDEM: "Zur Kritik der Lehre vom Risikovergleich bei den fahrlässigen Erfolgsdelikten", in: *GA* 1984, p. 491 e ss.

IDEM: "Die normative Korrespondenz zwischen Verhalten und Erfolg bei den fahrlässigen Verletzungsdelikten", in: VOGLER/HERMANN (org.), Festschrift für Jescheck, 1985, p. 313 e ss. (cit.: *FS Jescheck*).

KÜHL, Kristian: *Strafrecht Allgemeiner Teil*, 6.ª ed. 2008 (cit.: *AT*);

KUHLEN, Lothar: "Strafhaftung bei unterlassenem Rückruf gesundheitsgefährdender Produkte", in: *NStZ* 1990, p. 566 e ss.

IDEM: "Grundfragen der strafrechtlichen Produkthaftung", in: *JZ* 1994, p. 1142 e ss.

IDEM: "Strafrechtliche Produkthaftung", in: ROXIN/WIDMAIER (orgs.), *50 Jahre Bundesgerichtshof, Festgabe aus der Wissenschaft, vol. 4: Strafrecht, Strafprozeßrecht*, 2000, p. 647 e ss. (cit.: *FS BGH*).

KÜPER, Wilfried: "Überlegungen zum sog. Pflichtwidrigkeitszusammenhang beim Fahrlässigkeitsdelikt", in: KÜPER et alii (orgs.), *Festschrift für Karl Lackner zum 70. Geburtstag am 18. Februar 1987,* p. 247 e ss. (cit.: *FS Lackner*).

KÜPPER, Georg: "Zur Abgrenzung der Täterschaftsformen", in: *GA* 1998, p. 519 e ss.

LACKNER, Karl/KÜHL, Kristian: *Strafgesetzbuch Kommentar*, 26ª. ed. 2007 (cit.: *StGB*).

LAGIOU, Pagona/ADAMI, Hans-Olov/TRICHOPOULOS, Dimitrios: "Causality in Cancer Epidemiology", in: *European Journal of Epidemiology* 20 (2007), p. 565 e ss.

LAKATOS, Imre: "Falsification and the methodology of scientific research programmes", in: LAKATOS/MUSGRAVE (Hrsg,), *Criticism and the Growth of Knowledge*, Cambridge, 1970, p. 71 e ss.

LAMPE, Ernst-Joachim: "Tat und Unrecht der Fahrlässigkeitsdelikte", in: *ZStW* 101 (1987), p. 3 e ss.

IDEM: "Die Kausalität und ihre strafrechtliche Funktion", in: DORNSEIFER et alii (org.), *Gedächtnisschrift für Armin Kaufmann*, 1989, p. 189 e ss.

LESCH, Heiko: "Die Begründung von mittäterschaftlicher Haftung als Moment der objektiven Zurechnung", in: *ZStW* 105 (1993), p. 271 e ss.

IDEM: "Täterschaft und Gestaltungsherrschaft. Überlegungen zur gleichnamigen Monographie von Wilfried Bottke", in: *GA* 1994, p. 113 e ss.

LINDNER, Joseph Franz: *Die verfassungsrechtliche Dimension der allgemeinen polizeirechtlichen Adressatenpflichten*, 1997.

LUDEWIG, Reinhard/REGENTHAL, Ralf (orgs.): *Akute Vergiftungen und Arzneimittelüberdosierung*, 10.ª ed. 2007 (cit.: Vergiftung).

LUZÓN PEÑA, Diego Manuel/DÍAZ Y GARCÍA CONLLEDO, Miguel: "Objektive positive Tatbestimmung und Tatbestandsverwirklichung als Täterschaftsmerkmale", in: SCHÜNEMANN et alii [org.], *Festschrift für Claus Roxin zum 70. Geburtstag am 15. Mai 2001*, 2001, p. 575 e ss. (cit.: FS Roxin).

MAIWALD, Manfred: *Kausalität und Strafrecht*, 1980 (cit.: *Kausalität*).

IDEM: "Risikoerhöhung oder an Sicherheit grenzende Wahrscheinlichkeit? – Rechtsvergleichende Bemerkungen zur „Kausalität" des Unterlassens", in: HETTINGER et alii (org.), *Festschrift für Küper zum 70. Geburtstag*, 2007, p. 329 e ss.

MARTÍNEZ ESCAMILLA, Margarita: *La imputación objetiva del resultado*, Madrid, 1992 (cit.: *Imputación*).

IDEM: "Relevanz des rechtmäßigen Alternativverhaltens bei der objektiven Erfolgszurechnung", in: GIMBERNAT et alii (orgs.), *Internationale Dogmatik der objektiven Zurechnung und der Unterlassungsdelikte*, 1995, p. 37 e ss.

MATT, Holger: *Kausalität aus Freiheit. Eine rechtsphilosophische Grundlegung zum Bewirken durch Tun und Unterlassen im (Straf-)Recht*, 1994 (cit.: *Kausalität*).

MCGRATH, Sarah: "Causation by Omission: A Dilemma", in: *Philosophical Studies* 123 (2005), p. 125 e ss.

MEIER, Bernd-Dieter: "Verbraucherschutz durch Strafrecht? Überlegungen zur strafrechtlichen Produkthaftung nach der Lederspray-Entscheidung des BGH", in: *NJW* 1992, p. 3193 e ss.

MERKEL, Reinhard: "Über einige vernachlässigte Probleme des Kausalitätsbegriffs im Strafrecht und Ingeborg Puppes Lehren dazu", in: PAEFFGEN et alii (orgs.), *Strafrechtswissenschaft als Analyse und Konstruktion, Festschrift für Ingeborg Puppe zum 70. Geburtstag*, 2011, p. 151 e ss.

MEURER, Dieter: "Denkgesetze und Erfahrungsgesetze", in: BICKEL et alii (orgs.), *Festschrift für Ernst Wolf*, 1985, p. 483 e ss.

MIR PUIG, Santiago: *Derecho Penal. Parte General*, 7.ª ed. Barcelona, 2006 (cit.: Derecho Penal).

MOORE, Michael S.: *Causation and Responsibility*, Oxford, 2009 (cit.: *Causation*).

NACK, Armin: "Mittelbare Täterschaft durch Ausnutzung regelhafter Abläufe", in: *GA* 2006, p. 342 e ss.

NETTESHEIM, Wolfgang: "Können sich Gemeinderäte der 'Untreue' schuldig machen?", in: *BayVwBl* 1989, p. 161 e ss.

NEUDECKER, Gabriele: *Die strafrechtliche Verantwortlichkeit der Mitglieder von Kollegialorganen*, 1995 (cit.: *Verantwortlichkeit*).

ORSINI MARTINELLI, João Paulo/SCHMITT DE BEM, Leonardo: *Lições fundamentais de direito penal, Parte Geral*, 2.ª ed., 2017 (cit. *PG*).

OSNABRÜGGE, Stephan A.: *Die Beihilfe und ihr Erfolg. Zur objektiven Beziehung zwischen Hilfeleistung und Haupttat in § 27 StGB*, 2002 (cit.: *Beihilfe*).

OTTO, Harro: "Kausaldiagnose und Erfolgszurechnung im Strafrecht", in: SCHROEDER/ZIPF (orgs.), *Festschrift für Maurach zum 70. Geburtstag*, 1972, p. 91 e ss.

IDEM: "Risikoerhöhungsprinzip statt Kausalitätsgrundsatz als Zurechnungskriterium bei Erfolgsdelikten", in: *NJW* 1980, p. 417 e ss.

IDEM: "Wahrscheinlichkeitsgrad des Erfolgseintritts und Erfolgszurechnung", in: *Jura* 2001, p. 275 e ss.

IDEM: "Täterschaft und Teilnahme im Fahrlässigkeitsbereich", in: SEEBODE (org.), *Festschrift für Günter Spendel zum 70. Geburtstag am 11. Juli 1992,* p. 271 e ss.

IDEM: "Die strafrechtliche Haftung für die Auslieferung gefährlicher Produkte", in: WEIGEND/KÜPPER (org.) *Festschrift für Hans Joachim Hirsch zum 70. Geburtstag am 11. April 1999*, 1999, p. 291 e ss.

IDEM: *Grundkurs Strafrecht*, 7.ª ed. 2004 (cit.: *AT*).

PAREDES CASTAÑON, Jose Manuel/RODRÍGUEZ MONTAÑES, Teresa: *El caso de la colza: responsabilidad penal por productos adulterados o defectuosos*, Valencia, 1995 (cit.: *Colza*).

PARIONA ARANA, Raúl: *Täterschaft und Pflichtverletzung. Zugleich ein Beitrag zur Dogmatik der Abgrenzung der Beteiligungsformen bei Begehungs- und Unterlassungsdelikten*, 2010 (cit.: *Täterschaft*).

PÉREZ BARBERÁ, Gabriel: "Kausalität und Determiniertheit", in: *ZStW* 114 (2002), p. 600 e ss.

IDEM: *Causalidad, Resultado y Determinación*, Buenos Aires, 2006 (cit.: *Causalidad*).

PUPPE, Ingeborg: "Der Erfolg und seine kausale Erklärung im Strafrecht", in: *ZStW* 92 (1980), p. 863 e ss.

IDEM: "Kausalität: Zurechnung und Wahrscheinlichkeit. Zur Analyse des Risikoerhöhungsprinzips", in: *ZStW* 95 (1983), p. 287 e ss.

IDEM: "Die Beziehung zwischen Sorgfaltspflichtverletzung und Erfolg bei den Fahrlässigkeitsdelikten", in: *ZStW* 99 (1987), p. 595 e ss.

IDEM: "Kausalität. Ein Versuch, kriminalistisch zu denken", in: *ZStR* 107 (1990), p. 141 e ss.

IDEM: Comentário a BGHSt 37, 107, in: *JR* 1992, p. 28 e ss.

IDEM: "Naturgesetze vor Gericht", in: *JZ* 1994, p. 1147 e ss.

IDEM: "Naturalismus und Normativismus in der modernen Strafrechtsdogmatik", in: *GA* 1994, p. 297 e ss.

IDEM: Comentário a BGH Beschl. v. 3.3.1994 – 4 StR 819/93, in: *JR* 1994, p. 514 e ss.

IDEM: "Die adäquate Kausalität und der Schutzzweck der Norm", in: J. SCHULZ/VORMBAUM (orgs.), *Festschrift für Günter Bemmann zum*

70. Geburtstag am 15. Dezember 1997, 1997, p. 227 e ss. (cit.: *FS Bemmann*).

IDEM: "Brauchen wir eine Risikoerhöhungstheorie?", in: SCHÜNEMANN et alii (orgs.), *Festschrift für Claus Roxin zum 70. Geburtstag am 15. Mai 2001,* 2001, p. 287 e ss.

IDEM: "Wider die fahrlässige Mittäterschaft", in: *GA* 2004, p. 129 e ss.

IDEM: "Der gemeinsame Tatplan der Mittäter", in: *ZIS* 2007, p. 234 e ss.

IDEM: "Die Lehre von der objektiven Zurechnung und ihre Anwendung", in: *ZJS* 2008, p. 488 e ss., 600 e ss.

IDEM: "Lob der Conditio-sine-qua-non Formel", in: *GA* 2010, p. 551 e ss.

IDEM: *Strafrecht Allgemeiner Teil im Spiegel der Rechtsprechung*, 2.ª ed. 2011 (cit.: *AT*).

RANFT, Otfried: "Berücksichtigung hypothetischer Bedingungen beim fahrlässigen Erfolgseintritt? – Zugleich eine Kritik der Formel vom 'rechtmäßigen Alternativverhalten'", in: *NJW* 1984, p. 1425 e ss.

IDEM: "Rechtssprechungsübersicht zu den Unterlassungsdelikten, Teil 1", in: *JZ* 1987, p. 859 e ss.

IDEM: Comentário a BGHSt 48, 77, in: *JZ* 2003, p. 582 e ss.

RANSIEK, Andreas: *Unternehmensstrafrecht. Strafrecht, Verfassungsrecht, Regelungsalternativen*, 1996 (cit.: *Unternehmensstrafrecht*).

RENZIKOWSKI, Joachim: *Restriktiver Täterbegriff und fahrlässige Beteiligung*, 1997 (cit.: *Täterbegriff*).

IDEM: "Die fahrlässige Mittäterschaft", in: DANNECKER et alii (orgs.), *Festschrift für Harro Otto zum 70. Geburtstag am 1. April 2007*, 2007, p. 423 e ss.

RIEDO, Christof/CHVOJKA, Michaela: "Fahrlässigkeit, Mittäterschaft und Unsorgfaltsgemeinschaft", in: *ZStR* 120 (2002), p. 152 e ss.

ROCHA, Ronan: *A relação de causalidade no direito penal*, 2016 (cit.: *Causalidade*).

RÖCKRATH, Luidger: "Kollegialentscheidung und Kausalirätdogmatik. Zurechnung überbestimmter Erfolge im Straf- und Haftungsrecht", in: *NStZ* 2003, p. 641 e ss.

RODRÍGUEZ, Víctor Gabriel: *Livre arbítrio e direito penal*, 2017.

RODRÍGUEZ MONTAÑÉS, Teresa: "Einige Bemerkungen über das Kausalitätsproblem und die Täterschaft im Falle rechtswidriger Kollegialentscheidungen", in: SCHÜNEMANN et alii (orgs.), *Festschrift für Claus Roxin zum 70. Geburtstag am 15. Mai 2001*, 2001, p. 307 e ss.

RÖH, Lars: *Die kausale Erklärung überbedingter Erfolge im Strafrecht*, 1995 (cit.: *Erfolge*).

ROLINSKI, Klaus: "Statistische Kausalität im Strafrecht?", in: KÜHNE (org.), Festschrift für Koichi Miyazawa, 1995, p. 483 e ss.

ROMEO CASABONA, Carlos Maria: "Límites de los delitos de comisión por omisión", in: GIMBERNAT/SCHÜNEMANN/WOLTER (orgs.), *Omision e imputacion objetiva en Derecho penal*, Madrid, 1994, p. 33 e ss.

ROSO CAÑADILLAS, Raquel: *Autoría y participación imprudente*, Granada, 2002 (cit.: *Autoría*).

ROXIN, Claus: "Pflichtwidrigkeit und Erfolg bei fahrlässigen Delikten", in: ZStW 74 (1962), p. 411 e ss.

IDEM: Resenha de Ulsenheimer, Das Verhältnis zwischen Pflichtwidrigkeit und Erfolg bei den Fahrlässigkeitsdelikten, in: *ZStW* 78 (1966), p. 214 e ss.

IDEM: "An der Grenze von Begehung und Unterlassung", in: BOCKELMANN et alii (org.), *Festschrift für Karl Engisch zum 70. Geburtstag*,, 1969, p. 380 e ss.

IDEM: *Kriminalpolitik und Strafrechtssystem*, 2.ª ed. 1973 (= *Política criminal e sistema jurídico-penal*, trad. Greco, 2000).

IDEM: "La causalidad en la omisión", trad. v. Pietro del Pino, in: DÍEZ RIPOLLÉS et alii (org.), *Libro Homenaje a José Cerezo Mir*, Madrid, 2002, p. 963 e ss. (cit.: *LH Cerezo*).

IDEM: *Strafrecht Allgemeiner Teil*, vol. II 2003 (cit.: *AT II*).

IDEM: *Täterschaft und Tatherrschaft*, 8ª. ed. 2006 (cit.: *Täterschaft*).

IDEM: "Kausalität und Garantenstellung bei den unechten Unterlassungen", in: *GA* 2009, p. 73 e ss.

IDEM: Probleme psychisch vermittelter Kausalität, in: SCHRÖDER et alii (orgs.), *Festschrift für Hans Achenbach,* 2011, p. 409 e ss. (= "Problemas da causalidade intermediada psiquicamente", trad. Assis, in: *Novos estudos de direito penal*, 2014, p. 152 e ss).

IDEM: "Zur neueren Entwicklung der Rechtsgutsdebatte", in: HERZOG et alii (orgs.), *Festschrift für Winfred Hassemer zum 70. Geburtstag am 17. Februar 2010,* p. 573 e ss.

ROXIN, Claus/GRECO, Luís: *Strafrecht Allgemeiner Teil*, vol. I, 5.ª ed. 2018 (cit.: *AT I*).

ROTSCH, Thomas: "Gemeinsames Versagen". Zur Legalität und Legitimität einer fahrlässigen Mittäterschaft", in: PAEFFGEN et alii (orgs.), *Strafrechtswissenschaft als Analyse und Konstruktion, Festschrift für Ingeborg Puppe zum 70. Geburtstag,* 2011, p. 887 e ss.

SAMSON, Erich: *Hypothetische Kausalverläufe im Strafrecht*, 1972 (cit.: *Kausalverläufe*).

IDEM: "Begehung und Unterlassung", in: STRATENWERTH et alii (org.), *Festschrift für Hans Welzel zum 70. Geburtstag am 25. März 1974,* p. 579 e ss.

IDEM: "Probleme strafrechtlicher Produkthaftung", in: *StV* 1991, p. 182 e ss.

IDEM: "Inus-Bedingung und strafrechtlicher Kausalbegriff", in: ROGALL et alii (orgs.), *Festschrift für Hans-Joachim Rudolphi zum 70. Geburtstag,* 2004, p. p. 259 e ss.

SÁNCHEZ LÁZARO, Fernando Guanarteme: "Hacia la superación de la teoría de la imputación objetiva del resultado", in: *ADPCP* 58 (2005), p. 421 e ss.

SANCINETTI, Marcelo A.: *Teoría del delito y disvalor de acción*, Buenos Aires, 1991 (cit.: *Disvalor de acción*).

SÁNCHEZ-VERA, Javier: *Pflichtdelikt und Beteiligung. Zugleich ein Beitrag zur Einheitlichkeit der Zurechnung bei Tun und Unterlassen*, 1999 (cit.: *Pflichtdelikt*).

SARRABAYROUSE, Eugenio C.: *Responsabilidad penal por el producto*, Buenos Aires, 2007 (cit.: *Responsabilidad*).

SCHAAL, Alexander: *Strafrechtliche Verantwortlichkeit bei Gremienentscheidungen in Unternehmen*, 2001 (cit.: *Verantwortlichkeit*).

SCHAFFSTEIN, Friedrich: "Die Risikoerhöhung als objektives Zurechnungsprinzip im Strafrecht, insb. bei der Beihilfe", in: *Festschrift für Richard M. Honig zum 80. Geburtstag 3. Januar 1970,* 1970, p. 169 e ss.

SCHLEHOFER, Horst: "Täterschaftliche Fahrlässigkeit", in: PUTZKE et alii (orgs.), *Strafrecht zwischen System und Telos, Festschrift für Rolf Dietrich Herzberg zum siebziegsten Geburtstag am 14. Februar 2008*, p. 355 e ss.

SCHÖNKE, Adolf/SCHRÖDER, Horst: *Strafgesetzbuch* 28.ª ed. 2010 (cit.: AUTOR, *Schönke-Schröder*).

SCHROTH, Ulrich: "Die strafrechtliche Verantwortlichkeit des Arztes bei Behandlungsfehlern", in: ROXIN/SCHROTH (orgs.), *Handbuch des Medizinstrafrechts*, 4.ª ed. 2010, p. 125 e ss.

SCHMIDHÄUSER, Eberhard: *Strafrecht Allgemeiner Teil. Studienbuch*, 2.ª ed. 1984 (cit.: StB).

SCHULZ, Lorenz: "Kausalität und strafrechtliche Produkthaftung. Materiell- und prozeßrechtliche Aspekte", in: LÜBBE (org.), *Kausalität und Zurechnung*. Über Verantwortung in komplexen kulturellen Prozessen, 1994, 41 e ss.

SCHÜNEMANN, Bernd: "Moderne Tendenzen in der Dogmatik der Fahrlässigkeits- und Gefährdungsdelikte", in: *JA* 1975, p. 435 e ss., p. 575 e ss., p. 715 e ss.

IDEM: "Die Unterlassungsdelikte und die strafrechtliche Verantwortlichkeit für Unterlassungen", in: *ZStW* 96 (1984), p. 287 e ss.

IDEM: Comentário a BGH Beschl. v. 3.5.1984 – 4 StR 266/84, in: *StV* 1985, p. 229 e ss.

IDEM: "Strafrechtswissenschaft nach der Strafrechtsreform im Spiegel des Leipziger Kommentars und des Wieners Kommentars. 1. Teil", in: *GA* 1985, p. 341 e ss.

IDEM: "Über die objektive Zurechnung", in: *GA* 1999, p. 207 e ss.

IDEM: "Unternehmenskriminalität", in: ROXIN/WIDMAIER (orgs.), *50 Jahre Bundesgerichtshof. Festgabe aus der Wissenschaft*, 2000, p. 621 e ss. (cit.: *FS BGH*).

SIQUEIRA, Flávia: *O princípio da confiança no direito penal*, 2016.

SILVA SÁNCHEZ, Jesús Maria: *El delito de omisión,* 2.ª ed., 2003.

SOFOS, Themistoklis: *Mehrfachkausalität beim Tun und Unterlassen*, 1999 (cit.: *Mehrfachkausalität*).

SOMMER, Ulrich: "Lebenserfahrung. Gedanken über ein Kriterium richterlicher Beweiswürdigung", in: HANACK et alii (orgs.), *Festschrift für Peter Rieß zum 70. Geburtstag am 4. Juni 2002*, 2002, p. 585 e ss.

SOUSA MENDES, Paulo de: "A prova penal e as regras da experiência", in: COSTA ANDRADE et alii (orgs.), *Estudos em homenagem a Figueiredo Dias*, vol. III, Coimbra, 2010, p. 997 e ss.

SOUZA SANTOS, Humberto: *Co-autoria em crime culposo e imputação objetiva*, 2004.

SPENDEL, Günter: "Zur Dogmatik der unechten Unterlassungsdelikte", in: *JZ* 1973, p. 137 e ss.

IDEM: Kausalität und Unterlassung, in: PUTZKE et alii (orgs.), *Strafrecht zwischen System und Telos, Festschrift für Rolf Dietrich Herzberg zum siebziegsten Geburtstag am 14. Februar 2008*, p. 247 e ss. (cit.: *FS Herzberg*).

STRATENWERTH, Günter: "Bemerkungen zum Prinzip der Risikoerhöhung", in: LACKNER et alii (org.), *Festschrift für Wilhelm Gallas zum 70. Geburtstag am 22. Juli 1973,* 1973, p. 227 e ss. (cit.: *FS Gallas*).

IDEM: *Strafrecht Allgemeiner Teil I – Die Straftat*, 4.ª ed. 2000 (cit.: *AT*).

STRATENWERTH, Günter/KUHLEN, Lothar: *Strafrecht Allgemeiner Teil I – Die Straftat*, 5.ª ed. 2004 (cit.: *AT*).

TOEPEL, Friedrich: *Kausalität und Pflichtwidrigkeitszusammenhang beim fahrlässigen Erfolgsdelikt*, 1992 (cit.: *Kausalität*).

IDEM: "Condicio sine qua non und alternative Kausalität", in: *JuS* 1994, p. 1009 e ss.

IDEM: "Hinreichende Mindestbedingung", in: PAEFFGEN et alii (orgs.), *Strafrechtswissenschaft als Analyse und Konstruktion, Festschrift für Ingeborg Puppe zum 70. Geburtstag,* 2011, p. 289 e ss.

TRAEGER, Ludwig: *Der Kausalbegriff im Straf- und Zivilrecht. Zugleich ein Beitrag zur Auslegung des BGB*, 1904 (cit.: Kausalbegriff).

ULSENHEIMER, Klaus: *Das Verhältnis zwischen Pflichtwidrigkeit und Erfolg bei den Fahrlässigkeitsdelikten*, 1965 (cit.: Verhältnis).

IDEM: "Erfolgsrelevante und erfolgsneutrale Pflichtverletzungen im Rahmen der Fahrlässigkeitsdelikte", in: *JZ* 1969, p. 364 e ss.

IDEM: "Strafbarkeit des Garanten bei Nichtvornahme der einzig möglichen, aber riskanten Rettungshandlung", in: *JuS* 1972, p. 252 e ss.

VASSILAKI, Irini: "Ist eine alternative Tatsachenfeststellung bei fahrlässiger Tatbeteiligung möglich?", in: AMELUNG et alii (org.), *Strafrecht – Biorecht – Rechtsphilosophie, Festschrift für Hans-Ludwig Schreiber zum 70. Geburtstag am 10. Mai 2003,* 2005, p. 499 e ss.

VELÁSQUEZ V., Fernando: *Manual de Derecho Penal, Parte General*, 3.ª ed. Medellín, 2007.

VOGEL, Joachim: *Norm und Pflicht bei den unechten Unterlassungsdelikten*, 1993 (cit.: *Norm*).

VONKA, Vladimír: "Causality in Medicine: The Case of Tumours and Viruses", in: *Philosophical Transactions: Biological Sciences* 355 (2000), p. 1831 e ss.

WEBER, Ulrich: "Können sich Gemeideratsmitglieder durch ihre Mitwirkung an Abstimmungen der Untreue (§ 266 StGB) schuldig machen?", *BayVwBl* 1989, p. 166 e ss.

WEISSER, Bettina: *Kausalitäts- und Täterschaftsfragen bei der strafrechtlichen Würdigung pflichtwidriger Kollegialentscheidungen*, 1996 (cit.: *Kollegialentscheidungen*).

IDEM: "Gibt es eine fahrlässige Mittäterschaft?", in: *JZ* 1998, p. 230 e ss.

WELZEL, Hans: *Das deutsche Strafrecht*, 11.ª ed. 1969 (cit.: AT).

WESSELS, Johannes/BEULKE, Werner: *Strafrecht. Allgemeiner Teil*, 40.ª ed. 2010 (cit.: AT).

VAN WEEZEL, Alex: *Beteiligung bei Fahrlässigkeit. Ein Beitrag zur Verhaltenszurechnung bei gemeinsamen Handeln*, 2006 (cit.: *Beteiligung*).

WOLFF, Ernst Amadeus: *Kausalität von Tun und Unterlassen. Eine strafrechtliche Untersuchung*, 1965 (cit.: *Kausalität*).

WOLTER, Jürgen: *Objektive und personale Zurechnung von verhalten, Gefahr und Verletzung in einem funktionalen Straftatsystem*, 1981 (*Zurechnung*).

ZIELINSKI, Diethardt: *Handlungs- und Erfolgsunwert im Unrechtsbegriff*, 1973 (cit.: *Unrechtsbegriff*).

Impressão e acabamento

[aplicar colofon da Meta]